Fortunato Frembo

Dal punto all'infinito

ISBN: 978-0-244-44602-4

Più si riesce a ridurre l'ordine che ha come baluardo la separazione della dualità, per passare al naturale fluire del disordine, che porta ad una distribuzione equilibrata, che comprende ogni aspetto, privato della tensione potenziale, dello stato iniziale, più si acquisisce consapevolezza, cioè si diviene coscienti della totalità degli eventi.

DAL PUNTO ALL' INFINITO

Che concetto abbiamo della realtà?

Come definiamo la realtà in cui viviamo, come descriviamo il nostro mondo in cui siamo collocati, come immaginiamo sia composto tutto lo sconosciuto universo che ci sta attorno? Queste sono domande che senz'altro ci saremo posti qualche volta nella vita, mentre siamo intenti a viverla passivamente stando in coda nel traffico in automobile o a godercela su una bella spiaggia mentre prendiamo il sole; oppure, come è capitato a me, nelle notti insonni, invece di contare le pecore per addormentarci!

Per trovare la risposta ai nostri quesiti avremo magari cercato di fare degli astrusi ragionamenti, oppure ci siamo informati leggendo libri, riviste o guardando documentari ed ascoltando dibattiti in televisione o frugando nel famigerato mondo di internet.

Difficile trovare una risposta esauriente anche se l'argomento potrebbe sembrare scontato.

Nel tentativo, non di dare risposte, ma di condividere i miei pensieri relativi all'argomento, proverò con questo scritto ad organizzare le informazioni che ho recepito attraverso varie fonti, le congetture e le divagazioni che ne ho fatto scaturire.

Tutte queste informazioni, pur provenendo da diversi campi, secondo me convergono magicamente ribadendo gli stessi concetti, sebbene con linguaggi diversi e con diversi percorsi. Proverò ad esporle, senza pretendere di insegnare nulla, non sono un fisico od un matematico e forse commetterò grossolani errori nella mia esposizione, ma consideriamolo solamente un esercizio mentale che voglio condividere nel tentativo di cercare di capire in quale mondo, in quale realtà, siamo immersi.

In fondo, comprendere la realtà serve a darci una collocazione all'interno di essa, capire che ruolo abbiamo noi in questo susseguirsi di avvenimenti che si generano, nostro malgrado, e che spesso ci vedono solo spettatori.

Allora, pensiamoci bene, per noi cosa è reale e cosa non lo è?

1 . La realtà del nostro mondo tridimensionale

Durante la nostra vita di tutti i giorni siamo talmente e totalmente occupati a muoverci, quasi meccanicamente, nel nostro mondo tridimensionale, che raramente ci chiediamo se esista qualcosa al di là di lunghezze, larghezze e profondità; cioè ciò che delimita i confini e rappresenta quello che noi chiamiamo mondo reale e nemmeno forse ci chiediamo cosa possiamo considerare reale od irreale!

Per prima cosa per noi appartiene senz'altro alla "realtà", e quindi alla normalità, quello che riusciamo a percepire con i nostri organi di senso: cioè tutto ciò che tocchiamo, vediamo, sentiamo, annusiamo o gustiamo, sempre nel contesto di un insieme tridimensionale, anche se basterebbero solamente due di queste informazioni, la vista ed il tatto, per poterci dare sicuramente una definizione di quello che ci circonda in modo che sia riconducibile ad una visione tridimensionale a noi familiare.
La vista, anche se a volte ci inganna, ci dà la percezione delle dimensioni degli oggetti, delle distanze, delle profondità; riusciamo a capire con l'osservazione se una cosa è vicina oppure lontana, se è grande o piccola, se lunga o corta.
Anche il tatto, in maniera meno immediata, ce le fa dedurre.
La vista ci informa anche del colore; il tatto della temperatura e della composizione superficiale, cioè se quello che tocchiamo sia liscio o ruvido.

L'udito non ci dà informazioni immediate su un oggetto, ma solo di alcuni effetti da esso prodotti, come un fischio od il ticchettio di un orologio, lo stesso dicasi per il gusto e l'olfatto. La vista ed il tatto sembra abbiano, dunque, una importanza più rilevante per la nostra comprensione del mondo tridimensionale che indichiamo come reale.

A questo proposito vorrei soffermarmi su di un vocabolo che è divenuto sinonimo di reale, ovvero la parola "concreto". L'etimologia della parola deriva dal latino concrētum col significato di "denso, duro", nel senso di qualcosa che si può prendere con le mani, quindi percepire col tatto, oltre che con la vista, qualcosa che sia plasmabile ed abbia un "corpo" nell' ambito tridimensionale.

Cito una definizione tratta da un qualsiasi vocabolario: "concreto - che trova un riferimento nella comune esperienza sensibile, che si riferisce a un oggetto reale, "determinato". L'esperienza sensibile è il messaggio trasmesso dai nostri sensi e recepito dalla mente: questo ci farebbe pensare che tutto ciò che deriva dai sensi definisce quindi un oggetto reale?

Un suono, come un profumo od un odore, oppure un sapore, non sono immediatamente associabili a nessuna delle tre dimensioni spaziali: lunghezza, larghezza, profondità; eppure i suoni, la musica ed i rumori, sono per noi reali, provenendo dalla cosiddetta esperienza sensoriale, come è reale una casa od un albero, ma non possiamo raffigurarli assegnando loro delle dimensioni come lunghezza o profondità.

Se, però, analizziamo i suoni nel "concreto", scopriamo che sono forme d'onda (o riconducibili ad esse) e se li trattiamo come tali possiamo assegnare loro una frequenza, cioè una lunghezza ed un'altezza (ovvero una ampiezza) in un determinato intervallo di tempo.

Per gli odori ed i sapori la cosa diventa più complessa e non c'è un metro per misurarli ma solamente la percezione che abbiamo di essi attraverso gli organi di senso ed il cervello, anche se esiste una teoria secondo la quale l'odore, quindi anche il profumo, delle sostanze dipende dalle frequenze di vibrazione delle molecole che le compongono.

Nell'ambito della percezione sensoriale va ricordato, ed è molto importante, che la visione di quello che ci circonda non è propriamente derivante dai nostri occhi.

L'occhio funziona come una "periferica", come fosse l'obiettivo di una macchina fotografica: la luce proveniente dall'oggetto che stiamo osservando entra nei nostri occhi attraverso una serie di elementi (cornea, umor acqueo, cristallino e corpo vitreo) e va ad "impressionare" la retina che eccitata dalla luce invia impulsi elettrici al cervello tramite un cavo biologico, il nervo ottico.

Da qui partono degli impulsi nervosi che trasmettono l'informazione al cervello, che la elabora e ne restituisce non solo la forma, ma anche la sua collocazione spaziale, dandoci l'effetto della profondità e la visione tridimensionale.

In effetti la nostra percezione visiva è la somma di una serie di "fotogrammi" che il cervello riceve, assembla e ridefinisce in un'immagine finale olografica ad alta risoluzione.

Ma anche per gli altri organi di senso vale lo stesso ragionamento: tutte le informazioni riguardanti il tatto, l'udito, il gusto e l'olfatto giungono al cervello che le elabora e ci restituisce delle "sensazioni" che noi interpretiamo come suoni, sapori, odori, caldo, freddo, ruvido o liscio.

Abbiamo parlato di visione olografica, ma in cosa consiste e come si forma un ologramma?

La luce del sole è formata da diverse onde, che si identificano con i colori dell'iride, le quali hanno diverse frequenze e quindi non sono in fase tra di loro, inoltre un fascio di luce normale tende ad allargarsi ed espandersi con l'aumentare della distanza in cui viene proiettato.

La luce laser, a differenza di quella solare, è monocromatica, quindi ha un solo colore, di conseguenza è caratterizzata da una sola onda ed una sola frequenza.

In un ologramma fotografico il principio è quello di fare impressionare una pellicola fotosensibile da una luce laser, la quale viene però preventivamente sdoppiata tramite uno specchio semiriflettente; una parte della luce del laser viene riflessa ed illumina il soggetto da riprodurre; il soggetto illuminato impressiona la pellicola con la sua luce diffusa, come un normale oggetto che viene fotografato, mentre l'altra parte della luce laser di partenza viene deviata con degli specchi e va ad impressionare direttamente la pellicola fotosensibile senza illuminare il soggetto.

La luce laser sdoppiata si sfasa e giungendo sulla pellicola forma delle figure di interferenza, caratterizzate da zone chiare e zone scure alternate. Il comportamento della luce non è così semplice da spiegare ma assomiglia molto, e lo vedremo in seguito, a quello che avviene negli esperimenti fatti sulle particelle nell'ambito della fisica quantistica.

Proiettando di nuovo un raggio di luce laser sulla pellicola precedentemente impressionata si viene a formare magicamente una immagine tridimensionale dell'oggetto che era stato "fotografato" con questo accorgimento, con la particolarità che l'oggetto appare come realmente sospeso in aria ed è osservabile da ogni posizione girandoci intorno.

Ma la cosa più stupefacente è che in ogni pezzo della pellicola sono contenute tutte le informazioni per riprodurre l'oggetto, cioè se ne tagliamo un pezzettino e lo illuminiamo con un raggio laser, ci restituisce anche lui l'intera figura dell'oggetto di partenza, anche se con risoluzione inferiore, cioè meno dettagliato.

Questa caratteristica descrive il concetto di frattale che si può spiegare come un qualcosa che si può suddividere in tanti elementi tra loro simili, ciascuno dei quali contiene tutte le informazioni dell'elemento che li ha generati; questo elemento a sua volta fa parte, con altri elementi simili, della suddivisione di un elemento ancor più grande contenente tutte le caratteristiche dei due livelli di suddivisione.

Per esempio, sarebbe come vedere un grosso mattone formato da tanti piccoli mattoni perfettamente identici tra loro e identici ad un grosso mattone cui appartengono.

Il grosso mattone però, a sua volta, con altri grossi mattoni come lui, appartiene ad un maxi mattone perfettamente simile anche ai piccoli mattoni.

Il cervello umano ha la capacità di decodificare quasi tutte le frequenze, luminose, sonore, olfattive, che riceve tramite i sensi, in percezioni concrete. Codificare e decodificare frequenze è esattamente la funzione di un ologramma, che converte un gran numero di frequenze prive di significato in una immagine coerente, oppure anche solamente in percezioni interiori.

Recenti studi pare abbiano portato anche a realizzare degli stupefacenti ologrammi con i quali si può interagire: per esempio l'ologramma di una pallina da tennis se incontra un ostacolo durante la sua caduta vi rimbalza contro comportandosi come un oggetto "reale".

Inoltre sembra che si possano associare ad un ologramma anche alcune informazioni sensoriali. L'esempio è l'ologramma di una goccia d'acqua che cadendo ed incontrando un ostacolo si divide in tante minuscole goccioline e se l'ostacolo è rappresentato dal palmo di una mano, oltre a dividersi, dà anche la sensazione del bagnato e della leggera pressione che esercita l'ologramma nell'impatto (se si va a rovistare nei canali del web, si trovano anche dei video illustrativi, però, riguardo a queste ultime affermazioni, bisogna sempre avere una certa dose di scetticismo che non guasta mai).

Uno dei più importanti esperimenti degli ultimi anni, quello dell'equipe di Alain Aspect, dimostrò che sottoponendo a determinate condizioni delle particelle subatomiche come gli elettroni, esse sono capaci di comunicare istantaneamente l'un l'altra a prescindere dalla distanza che le separa, sia che si tratti di un millimetro, che di diversi miliardi di chilometri.

Questo fenomeno portò alla conclusione che le particelle subatomiche sono connesse non-localmente, cioè senza considerare la dimensione spaziale della distanza.

Esiste qualcosa di non tangibile e visibile che mantiene collegati gli atomi a prescindere dallo spazio.

Il motivo per cui le particelle subatomiche restano in contatto, indipendentemente dalla distanza che le separa, risiede nel fatto che la loro separazione sarebbe un'illusione.

Ad un qualche livello di realtà più profondo, tali particelle non sono entità individuali ma estensioni di uno stesso "organismo" fondamentale.

Se le particelle ci appaiono separate è perché siamo capaci di vedere solo una porzione della loro "realtà", esse non sono parti distinte bensì sfaccettature di un'unità più profonda e basilare; poiché ogni cosa nella realtà fisica è costituita da queste "immagini", ne consegue che l'universo stesso è una proiezione, un ologramma.

Come sostenuto dalle filosofie orientali, il mondo materiale sarebbe solo una illusione; noi stessi pensiamo di essere entità fisiche che si muovono in un mondo fisico, ma in realtà siamo solo dei "percettori" di frequenze che trasformiamo magicamente in realtà fisica: uno dei tanti "mondi" esistenti nel super-ologramma.

Questo impressionante nuovo concetto di realtà è stato battezzato "paradigma olografico".

Dopo queste prime considerazioni diventa molto difficile distinguere ed individuare il campo di manifestazione del reale.

Abbiamo comunque fatto la conoscenza con due elementi importanti che ritroveremo più avanti: l'ologramma ed i frattali, non dimentichiamoli!

Per dare una definizione scientifica della realtà alcuni scienziati, tra cui non poteva mancare Einstein, ma non vanno dimenticati Podolsky e Rosen e poi anche Piron, sono giunti alla conclusione che una cosa è reale se esiste!

Troppo banale? No dai, diamo merito a queste illustri menti, il testo completo della definizione scientifica di realtà è questo:

"Se, senza disturbare in nessun modo una entità fisica considerata, è possibile, in linea di principio, predire con certezza l'esito di un test osservativo, allora la proprietà corrispondente a tale test è una proprietà attuale dell'entità fisica (cioè da essa realmente posseduta nel momento considerato) *e ciò costituisce un elemento di realtà corrispondente a questa quantità fisica che esiste indipendentemente dalla nostra osservazione."*

Anche dopo averla riletta cinque o sei volte il concetto non risulta molto chiaro, perciò non mi dilungo oltre, ma il concetto è che la realtà, ovvero ciò che esiste, non corrisponde solamente ai fenomeni che di fatto sperimentiamo ma anche ai fenomeni possibili che potremmo sperimentare con certezza.

Ora potremmo anche andare oltre e considerare reali anche situazioni in cui non entrano in gioco le esperienze sensoriali, ma solamente le esperienze emotive.

I sentimenti non ci appaiono forse reali?

L'amore, l'odio, l'amicizia, non sono cose reali per noi?

Esistono, modificano, plasmano la nostra vita, sono concreti, quindi reali!

L'unico muro che non potremmo valicare, per il momento, sarebbe quello della fantasia e del pensiero fantasioso, dell'immaginario; perché forse anche il pensiero costruttivo, a mio avviso, potrebbe rientrare nella sfera del reale, essendo una costruzione mentale volta a trasformarsi in azioni o stati concreti: il pensiero che si "concretizza" diventa azione e quindi potenzialmente materia.

Dovremmo poi considerare che la percezione della realtà è un fatto soggettivo.

Per ognuno di noi la realtà appare unica e comune a tutti, ma la concezione di quello che appartiene al reale può variare da individuo a individuo. Molte volte si fa l'esempio della percezione dei colori che non è sempre uguale per tutti:

ciò che per uno è tendente al verde per un altro tende al marrone, il fenomeno del daltonismo; non solo, ognuno è convinto di vedere lo stesso colore ma non vi è nessun elemento che confermi che, per esempio, quello che io vedo come verde sia lo stesso verde che vede un altro.

Ci sono poi persone che hanno anche esperienze "extrasensoriali", vale a dire che l'esperienza sensibile, in questi casi, non deriva direttamente dai sensi noti, ma da altre fonti collocate in altre "dimensioni" o "mondi diversi", per ora non entriamo nel merito ma teniamolo in considerazione ed andiamo oltre.

Adesso potremmo già trarre una sommaria, ma non per questo inaffidabile, conclusione: cioè che la concezione della realtà è un processo mentale; si può affermare che noi "immaginiamo" la realtà, in quanto, come visto prima, è il nostro cervello che elabora le informazioni sensoriali e ci restituisce una "visione" del reale.

Per il nostro cervello non ci sarebbe distinzione riguardo alla fonte dalla quale arrivino i segnali, essi possono provenire anche da luoghi od esperienze al di là dello spazio-tempo o dalla ricezione di informazioni sensoriali.

Anche quando sogniamo la nostra mente vive una esperienza reale nella quale non siamo coinvolti fisicamente, ma nella quale proviamo sensazioni che ci appaiono reali in quel contesto.

2 . Dalla terza dimensione al punto

Partendo dalle premesse fatte finora, ritorniamo alla nostra realtà tridimensionale e cerchiamo di effettuare un viaggio a ritroso in questo mondo per analizzare e definire cosa sia una superficie, un piano bidimensionale ed una linea, una semiretta unidimensionale, per arrivare poi a disquisire l'elemento che noi chiamiamo "punto".
Per iniziare facciamo alcune considerazioni su di un ipotetico mondo bidimensionale.
Immaginiamo che il nostro mondo tridimensionale, in cui identifichiamo il reale ed in cui agiamo normalmente, venga schiacciato ed appiattito, perdendo la dimensione della profondità, o meglio dove la dimensione della profondità sia tendente a zero. Diciamo che la dimensione della profondità sia tendente a zero e non uguale a zero perché secondo la nostra percezione, qualsiasi piano potremmo immaginare, dovrà avere comunque uno spessore, una profondità, se pur infinitamente piccola, come un foglio di carta od una pellicola di alluminio, altrimenti sarebbe qualcosa che non può esistere nella nostra concezione della realtà.
Ci verremo allora a trovare nella stessa condizione degli uomini incatenati nel mito della caverna descritta da Platone ne "La Repubblica".
Questi uomini erano costretti a vedere il mondo che stava al di fuori della caverna e ad interpretarlo solo tramite l'ombra di esso che veniva proiettava su una parete.

Questo mondo, per loro, ovvero ogni cosa che ne facesse parte comprese le persone e gli animali, appariva solo piatto, bidimensionale, non avendo modo di percepire altre dimensioni.

Tralasciando gli aspetti filosofici di questa rappresentazione (non me ne voglia Platone!) si può comunque dire che siamo di fronte ancora ad una immagine della realtà, ma alquanto distorta o, perlomeno, non completa di informazioni, venendo a mancare una parte essenziale per la comprensione ovvero la profondità.

Nel nostro linguaggio comune usiamo normalmente delle espressioni tendenti a far apparire consistente, e quindi reale, il mondo tridimensionale.

Per definire una persona che abbia dei valori, delle conoscenze, delle capacità, diciamo che è una persona di un certo "spessore" o di una certa "profondità", cioè che non è "piatta" o "superficiale", facendo nostre delle definizioni che contraddistinguono l'appartenenza ad un mondo tridimensionale, piuttosto che bidimensionale, rimarcando così la necessità di appartenenza alla sfera del tridimensionale per poter essere considerati "validi", anche sotto l'aspetto umano piuttosto che quello fisico.

Potremo dire che una visione bidimensionale è rappresentativa della realtà, ma non esaustiva.

Le fotografie, i disegni, sono rappresentazioni molto efficaci della realtà, ovvero della situazione tridimensionale che raffigurano, ma non possono identificarsi con essa.

Nel disegno tecnico, quando si deve mostrare sul foglio da disegno bidimensionale un particolare nascosto di un solido tridimensionale, si è soliti raffigurare una sezione di tale solido, cioè un piano diverso da quello di una facciata esterna. Possiamo allora considerare un solido, una forma, un oggetto, appartenente alla sfera di ciò che consideriamo reale, come la somma di tutte le sezioni in cui si possa suddividere.

Ma stabilire quante possano essere effettivamente è impossibile, perché ne potrebbero esistere infinite.

La logica matematica ci definisce questa condizione col concetto di integrale, ovvero la somma di infiniti piani che danno origine ad un solido, come fossero le innumerevoli pagine di un libro chiuso che a noi appare con la consistenza di un mattone, se ci fermiamo a considerare solo il suo aspetto esteriore.

(Sarà forse per questo che si suole dire di un libro poco interessante nel contenuto che è un "mattone"?)

Precedentemente abbiamo considerato uno spazio bidimensionale, ora, dal nostro piano, dalla superficie, immaginiamo di togliere anche la dimensione larghezza, o meglio, come prima, diciamo che sia tendente a zero, ci rimane un elemento costituito da una sola dimensione: la lunghezza. Anche qui dobbiamo considerare che qualsiasi retta, semiretta o segmento, se deve esistere materialmente dovrebbe esistere nel campo tridimensionale, altrimenti rimane un'astrazione geometrica, perché non sarebbe "concreto". Come per il solido anche il piano potrebbe essere considerato come la somma di infinite rette, o meglio segmenti di retta, tutte affiancate l'una all'altra.

Così come la retta sarebbe da considerare come la somma di infiniti punti tutti uno di seguito all'altro ... ed allora ecco che arriviamo al "punto", cioè all'essenziale, per usare un altro termine di uso corrente.

Ma questo punto come lo definiamo?

La prima definizione storica la dobbiamo a Pitagora: egli affermava che il punto non ha estensione ma occupa una posizione nello spazio; Platone affermò poi che il punto poteva essere considerato come una linea indivisibile.

Negli Elementi di Euclide si giunse alla conclusione che il punto è indivisibile perché non ha parti.

"Il punto è il primo ente fondamentale della geometria ed è privo di una qualsiasi dimensione."

Ma se vogliamo stare nell'ambito di quello che consideriamo reale, ancora una volta, non possiamo affermare che non abbia dimensioni perché, se pur tendenti a zero, le dovrebbe avere tutte e tre.

Un conto è l'astrazione geometrica ed un conto è la rappresentazione nel mondo reale.

Se dovessimo definire in questo modo il punto, non potremmo affermare che sia qualcosa di concreto, ma solamente una congettura, un'astrazione mentale!

Siamo partiti da un solido, concreto, reale, e siamo arrivati ad un qualcosa che non soddisfa appieno il nostro concetto di realtà.

Tutto quello che viene definito come solido, e se vogliamo anche liquido o gassoso, è costituito da molecole, cioè un insieme di atomi, questi a loro volta sono costituiti da molti spazi vuoti, dove gli elettroni ruotano intorno ad un nucleo formato da protoni e neutroni, i quali sono a loro volta costituiti da particelle via via più piccole che, prese nella loro sostanza, sono comunque da considerare elementi tridimensionali.

Per stabilire concretamente una rappresentazione fisica del punto geometrico potremmo associarlo, ammesso che lo si possa fare, al concetto di particella, cioè della più piccola parte della materia, ma qui dobbiamo addentrarci nella fisica quantistica, altrimenti il punto come lo definisce Euclide, cioè come privo di dimensioni, pare non trovare, a mio avviso, nessuna valenza logica.

Lasciamo in sospeso il ragionamento geometrico e, visto che abbiamo parlato di fisica quantistica, cominciamo a capire cosa si intende quando si parla di quanti.

Un "quanto" è la quantità minima di una grandezza fisica che può esistere in modo indipendente: la più piccola quantità di materia o più precisamente di energia o di radiazione elettromagnetica, che non può essere ulteriormente separata.

La radiazione elettromagnetica, cui appartiene anche la luce, non è un flusso continuo ma si manifesta in diversi livelli energetici; il passaggio da un livello all'altro è rappresentato da un quanto di energia.

Sappiamo, da alcuni famosi esperimenti fatti in passato, che una particella, ma non solo, anche molecole abbastanza complesse, che vengano "sparate" su uno schermo attraverso una barriera con due fenditure, si comportano da onda o da particella a seconda se vengano osservate o meno durante il loro tragitto. In questi esperimenti ripetuti diverse volte, si è stabilito che se le particelle non vengono osservate le ritroviamo sullo schermo, a differenza di quanto si possa immaginare, in agglomerati più o meno regolari formando diverse strisce, invece che in solo due zone.

Le strisce sono regolari e regolare è la distanza fra di loro, questo viene interpretato come rappresentassero delle interferenze di onde, dove le parti in fase si sommano e quelle sfasate si elidono. Le molecole cioè hanno attraversato le fenditure con un moto ondulatorio tipico di un'onda, perché se lo avessero attraversato con traiettoria rettilinea le avremmo ritrovate in due fasci facilmente prevedibili sullo schermo di arrivo.

In particolare il percorso delle particelle dal punto di partenza a quello di arrivo non è prevedibile né rilevabile.

Questo significa che non ci può essere una posizione determinata dove "esiste" una particella, ma una serie di probabilità tutte valide di trovarla in luoghi differenti nello stesso istante, come enunciato nella teoria di indeterminazione di Eisenberg.

La teoria dice che non è possibile stabilire con certezza, per una data particella in movimento, né la sua posizione né la sua velocità, perché se si fa una misura dell'una, non si riesce a misurare con certezza l'altra.

Le ultime teorie riguardanti le particelle ipotizzano che queste siano costituite a livelli infinitesimali da elementi in continua vibrazione, rappresentati sia in modo chiuso che in forma allungata, le cosiddette "stringhe", che sarebbero responsabili a seconda del loro modo di vibrare, di tutta la conformazione della materia.

Il nostro punto, allora, potrebbe essere rappresentato da una serie di probabilità di una vibrazione a cui diamo una certezza solo con l'osservazione.

Se ci pensiamo un attimo questo equivarrebbe a dire che, siccome la retta è un insieme di punti, il piano è un insieme di rette ed il solido un insieme di piani e l'elemento di partenza non è una certezza, ma una probabilità, tutto il nostro bel mondo solido tridimensionale rappresenta solo la manifestazione di una probabilità fra tante!

Forse siamo noi che vivendoci ed osservandolo ne fissiamo la forma e l'aspetto? Esisterebbero allora mondi paralleli o altre dimensioni nelle quali potremmo spostarci? Quante sarebbero queste dimensioni parallele: infinite?

Questa incertezza nel definire la materia, espressa dalla fisica quantistica, trova riscontro solo in ambiti molto ridotti, perché già a livello atomico tutto deve seguire un certo ordine e non c'è spazio per la casualità. Immaginiamo, per esempio che percorsi farebbe il nostro sangue se le molecole che lo costituiscono fossero formate da atomi che saltassero da una posizione all'altra entro una forma d'onda polidimensionale: sarebbe il caos, la materia non può essere indeterminata, noi non potremmo esistere!

Diciamo che a livello macroscopico tutto sembra filare liscio ed abbiamo la certezza di quello che vediamo, ma ad un livello infinitesimale non sappiamo cosa stiamo trattando, non avendo la certezza della posizione delle particelle che osserviamo.

Ricordiamoci che noi vediamo attraverso il nostro cervello e non direttamente con gli occhi e comunque vediamo quello che è illuminato, cioè che interagisce con la luce, vale a dire con dei fotoni; del resto anche se ci aiutassimo con lenti od ingrandimenti digitali, potrebbe essere che il cervello non riuscirebbe ad interpretare in modo sicuro le informazioni che deriverebbero da osservazioni di particelle piccolissime, non riuscendo cioè a decodificarle in modo univoco.

Teniamo ancora una volta in considerazione questi argomenti, ma ritorniamo al nostro punto geometrico.

Se fossimo in grado di osservarne il movimento in un contesto spazio-temporale, stabilendo che abbia la possibilità di muoversi e che possa farlo in una sola direzione, che chiameremo ovviamente lunghezza, potremmo immaginare, considerando tutte le posizioni che assumerebbe, che si tracci una linea formata da tutti i punti lungo questa direzione, ottenendo quello che noi chiamiamo segmento di una retta e che potremmo definire come distanza da un punto di partenza ad un punto di arrivo. Per fare ciò dovremmo però impiegare un certo tempo, sia che considerassimo un insieme di punti sia che considerassimo il movimento di un solo punto, con la differenza che nel primo caso la dimensione lunghezza ci apparirebbe occupata simultaneamente dall'insieme dei punti, quindi tangibile, mentre nel secondo caso sarebbe fittizia perché data dal movimento di un solo punto lungo la dimensione nell'arco di tempo considerato, ma ugualmente percepibile perché noi abbiamo acquisito memoria dell'avvenimento; cioè ci è rimasta impressa la scia della sua presenza nei vari istanti del percorso, specialmente se il movimento è abbastanza rapido.

Per fare un esempio di questo movimento, attingendo alla nostra esperienza del quotidiano, ammettiamo che il nostro punto geometrico sia uno di quegli aerei che lasciano quelle vistose scie bianche nei nostri cieli azzurri (che siano scie di condensa o scie chimiche sarebbe un interessante argomento di conversazione, ma non lo tratteremo qui) noi vediamo ed interpretiamo il movimento di quell'aereo come una retta tracciata nel cielo, grazie alla scia, cioè alla memoria nel tempo, che esso lascia.

Anche se osservassimo, ad esempio, un segmento tracciato su un foglio, per poterlo percepire dovremmo "leggerlo", cioè avere la percezione del suo inizio e della sua fine, quindi sposteremmo la nostra attenzione per elaborare i segnali provenienti dal nervo ottico, come seguendo un solo punto nel movimento lungo la direzione della dimensione lunghezza, pur avendo l'impressione che ciò avvenga in maniera simultanea.

In particolare se osserviamo una retta od un segmento abbastanza lungo possiamo paragonarli ad una rappresentazione visiva dei concetti di presente, passato e futuro. Sappiamo che questa retta può sintetizzare il movimento di un punto nella direzione lunghezza in un arco di tempo, quindi osservandone un breve tratto direttamente di fronte a noi (osservare un singolo punto sarebbe impossibile, per quanto detto precedentemente) questo tratto rappresenta il presente del movimento del punto stesso.

Se spostiamo l'attenzione ad un tratto precedente, questo, pur rappresentando il presente dell'osservazione corrente, è anche il passato dell'osservazione che abbiamo fatto prima. Ugualmente sappiamo per certo che vi sarà un tratto seguente che rappresenterà il futuro dell'osservazione attuale.

Tutte queste osservazioni sono contenute, per noi, in una sola forma geometrica statica, che è la retta stessa, alla quale non associamo mai il fattore tempo. (fig. 1)

Per noi è difficile uscire dal concetto di presente perché tutto ciò che osserviamo rappresenta, in effetti, un avvenimento presente, ma allo stesso tempo è il futuro di quello che abbiamo osservato prima e rappresenta il passato di quello che andremo ad osservare subito dopo.

Quindi stiamo osservando una retta, ma questa ci mostra il passato, il presente ed il futuro di tutti i punti che la compongono.

Non si fa distinzione tra il singolo punto ed il totale dei punti perché stiamo osservando la manifestazione di una singolarità in molteplici aspetti.

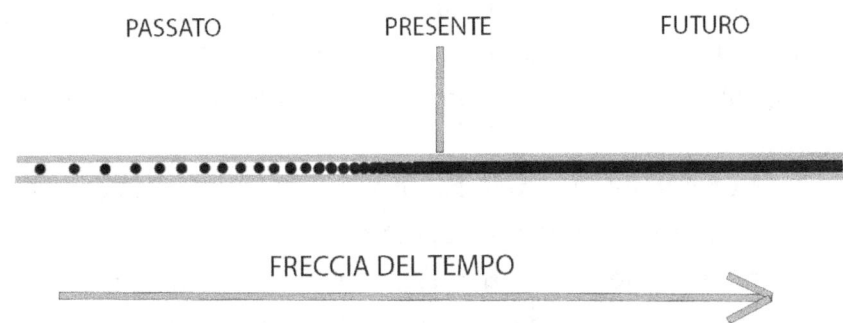

Fig 1 : la successione del movimento di un punto nella direzione del tempo forma una retta. la retta può essere intesa anche come la somma integrale di tanti punti affiancati lungo una stessa dimensione.

In particolare la retta che consideriamo non è altro che la "storia" del punto, cioè di quello che era, quello che è e quello che sarà.

Qui abbiamo introdotto due parole magiche, non a caso, di enorme valenza: "molteplice" che ci richiama il concetto religioso dell' "unità molteplice", che è uno dei termini con cui viene definita la divinità, e "singolarità" che richiama la singolarità che i fisici usano per indicare il punto di partenza dell'espansione dell'universo, od il punto di non ritorno in un ipotetico viaggio all'interno di un buco nero massivo.
Ma i due termini pensandoci bene, una volta estrapolati dalla teoria quantistica, si fondono concettualmente perché potrebbero rappresentare lo stesso aspetto di una questione filosofica, dove la consistenza divina appare sia come singolarità ed unicità sia come molteplicità ed omnipresenza.

Il ragionamento fatto per il punto si può estendere anche per la retta: se noi consideriamo, per comodità, non una retta intera ma un segmento di retta, immaginando che questa possa muoversi lungo un'altra direzione che chiameremo larghezza, questa formerà nel tempo un piano, cioè una superficie con due dimensioni, che potremo rappresentare anche come tante semirette affiancate l'una all'altra come avviene in un codice a barre.
Il piano rappresenta la storia della retta che lo ha generato essendo la rappresentazione della sua integrazione nel tempo.

Analogamente immaginando che questo piano possa muoversi nel tempo lungo un'altra direzione, che chiameremo profondità, avremo la rappresentazione di un solido tridimensionale. Anche questo lo potremmo immaginare come l'insieme di tanti piani affiancati ed anche qui il solido è la storia del piano da cui è nato.

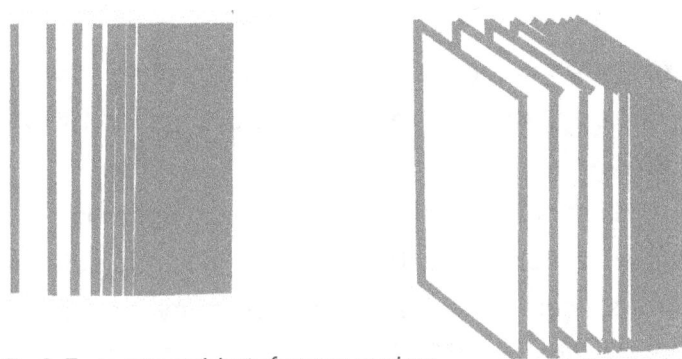

Fig. 2 : Tante rette avvicinate formano un piano
Tanti piani avvicinati formano un solido

Vivendo in un mondo tridimensionale, nella nostra realtà, così come la chiamiamo, "vediamo" tutto in maniera tridimensionale: non potrà mai esistere un piano senza spessore, il più sottile foglio o lamina per esistere nel nostro mondo deve avere una minima consistenza, uno spessore.
Per lo stesso motivo non potrà esistere una pura retta: il più sottile filo capillare è sempre, comunque, tridimensionale.

Le definizioni di piano, retta e punto, sono per noi puramente teoriche, ma questi elementi costituiscono nel loro insieme ogni oggetto tridimensionale con cui interagiamo normalmente e che noi consideriamo concreto, reale!

Bisogna aggiungere, in ultimo, che oltre agli oggetti, vanno considerati reali anche gli spazi vuoti ove non sono presenti solidi tridimensionali. Per spazi vuoti intendiamo quelle porzioni di "spazio" che non sono occupate da oggetti solidi, ma potrebbero esserlo.

In una stanza vi sono dei mobili che potremmo spostare da una parte all'altra all'interno di essa occupando tutto lo spazio a disposizione.

Per noi la stanza è "reale" sia per quanto riguarda i mobili sia per gli spazi non occupati dagli stessi: lo spazio dell'universo è "reale" sia per i "corpi celesti" che vi si trovano, sia per il vuoto che li circonda.

3 . Oltre la terza dimensione

Il nostro bel mondo tridimensionale, se analizzato a fondo nelle sue componenti a livello atomico, è formato essenzialmente da spazi vuoti all'interno dei quali ci sono dei mini sistemi simili al nostro sistema solare, dove degli elettroni ruotano vorticosamente attorno a nuclei di protoni e neutroni. Tutti questi atomi formano le molecole che sono come delle galassie, se rapportate in scala macroscopica, ma non si può stabilire con certezza se la più piccola particella di questo mondo infinitesimale sia onda o particella e non si può sapere con certezza dove sia collocata e che velocità abbia, e pare sia determinata da una certa forma di vibrazione che la contraddistingue!
Un bel mistero!

Le comuni percezioni umane non vanno oltre, ma non è difficile immaginare che qualunque solido tridimensionale possa muoversi lungo un'altra direzione, che potremmo identificare col trascorrere del tempo.
Abbiamo documenti che testimoniano, oltre ai nostri ricordi, che vi sono stati avvenimenti passati, cioè che corpi tridimensionali, come il nostro corpo umano, si sono mossi, o meglio, hanno "vissuto" lungo la direzione del tempo.
Quando ci osserviamo in una vecchia fotografia ci viene spontaneo pensare a quanto tempo sia passato, stiamo

facendo la stessa osservazione che avevamo fatto col punto lungo la retta, solo che ora osserviamo noi stessi nel tempo! Da ciò si deduce una definizione di "storia" come il procedere del movimento di un corpo, o meglio di un solido tridimensionale, animato o meno, lungo la dimensione del tempo.

Un osservatore esterno, posto in un ipotetico punto di vista al di fuori della sfera tridimensionale, potrebbe avere simultaneamente la visione di tutta la storia che si svolge nell'arco della nostra vita, cioè del movimento del nostro corpo nella direzione del tempo, nello stesso modo in cui noi abbiamo considerato il movimento del punto lungo la direzione della retta, avendo avuto la visione simultanea del movimento di tuti i punti che la costituiscono.

Consideriamo che in questo contesto i corpi animati, e non solo, subiscono delle variazioni dovute al mutamento che avviene durante il corso della vita degli elementi di cui sono costituiti; per il corpo umano questi mutamenti interessano i vari organi, le cellule, le molecole e via sino alla particella più piccola.

Ognuno di questi elementi ha una vita propria ma fa parte di un elemento superiore; le cellule, ad esempio si rigenerano molte volte nell'arco della vita dell'uomo.

Abbiamo quindi contenitori spazio-temporali in cui vi sono altre conformazioni spazio-temporali che a loro volta ne conterranno altre.

Le vite degli uomini fanno parte, in generale, dell'esistenza dell'umanità, che fa parte della vita del pianeta terra e via via dell'intero universo.

La vita è quindi la manifestazione tangibile dell'unità molteplice, che conserva la caratteristica di unicità, ma è presente in ogni spazio ed in ogni tempo che riusciamo a percepire, in ogni luogo e sempre.

Ma questa non è forse, vista da un'altra angolazione, la caratteristica dei frattali?

Questo concetto è molto importante, significa che in ogni elemento che costituisce l'universo, secondo l'impostazione dei frattali, è contenuta l'intera conformazione dell'universo stesso e nello stesso tempo ne fa parte; quindi l'essenza divina, o coscienza universale, si trova sia nel macrocosmo che nel microcosmo, con la stessa intensità.

Ognuno di noi ha dentro di sè tutti i misteri dell'universo, anche se pare non li voglia riconoscere, ma tende a cercarli sempre al di fuori!

Questa affermazione potrebbe già essere sufficiente come sentenza finale: "Uomo conosci te stesso e conoscerai l'universo e gli Dei", la famosa iscrizione sul tempio di Apollo a Delfi ... quando l'uomo smetterà di cercare di risolvere i misteri osservando il mondo esteriore, ma comincerà a guardarsi dentro, inizierà a comprendere ... ma non fermiamoci qui, continuiamo nel nostro viaggio tra le possibili dimensioni.

Possiamo immaginare il movimento di un solido, ad esempio un cubo, lungo l'asse del tempo, come abbiamo fatto immaginando il movimento di un punto lungo l'asse della lunghezza, di una retta lungo la larghezza, di un piano lungo l'asse della profondità. Del resto se muoviamo velocemente un elemento tridimensionale, come avviene quando sventoliamo un ventaglio, abbiamo la percezione ottica di questo movimento come fosse sempre un elemento tridimensionale ma allungato. Così un cubo che si muova lungo l'asse del tempo potrebbe apparirci come un cubo allungato, cioè un parallelepipedo, dove però non vediamo le due facce opposte che segnano l'inizio e la fine della nostra osservazione. Questo nuovo solido è formato dall'integrale di tutte le possibili posizioni che potrebbe assumere il cubo nel suo spostamento lungo l'asse del tempo (Fig. 3).

In questo modo possiamo ricondure questa rappresentazione di spazio-tempo ancora ad una visione tridimensionale, con la quale potremmo comprenderlo. Naturalmente anche qui avremo una rappresentazione di passato presente e futuro del nostro solido, dipendente dal punto in cui lo osserviamo.

Abbiamo semplificato il concetto considerando un solido definito, ma ciò dovrebbe valere anche per tutto l'universo tridimensionale, che noi consideriamo praticamente infinito: anch'esso si muove lungo la direzione temporale marcando quindi la sua "storia".

Qui bisogna fare una riflessione, cioè cercare di intuire cosa sia lo spazio-tempo rapportato all'universo: sappiamo che l'universo ha avuto un'origine e si sta espandendo, perlomeno si crede sia così, verso l'infinito, ma dobbiamo considerare che tutto questo avviene perché si suppone esista il tempo indipendentemente dallo spazio. In effetti gli astrofisici, osservando il cosmo con telescopi sempre più potenti, hanno visto il "passato" dell'universo in base alla distanza del soggetto osservato. Alcune stelle che vediamo potrebbero essere già collassate ma noi continuiamo a vederle perché i fotoni che emanano impiegano diversi anni a giungere fino a noi.

Il tempo quindi sarebbe un altro modo per rappresentare le distanze, dipendente dalla necessità per l'osservatore umano di interpretare il segnale luminoso proveniente da un oggetto lontano, secondo il parametro della velocità della luce.

Spazio, tempo ed il loro rapporto che è la velocità, sono ognuno in funzione dell'altro, non possono essere concepiti in maniera indipendente. Si parla quindi della stessa entità che si manifesta in tre aspetti differenti, magicamente ritorna la trinità come componente dell'unità di cui spesso sentiamo parlare.

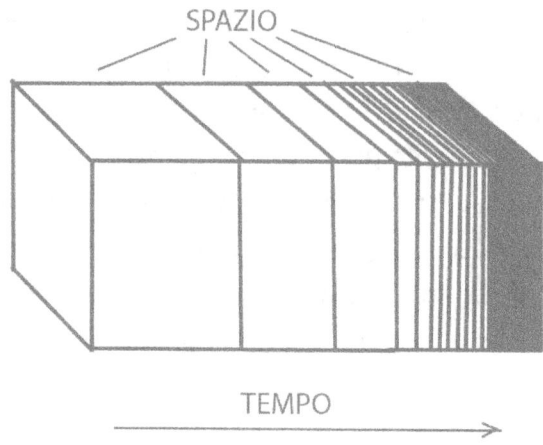

SPAZIO

TEMPO

FIG 3 : Quarta dimensione
Il movimento di uno spazio tridimensionale lungo la direzione del tempo

Andando oltre potremmo immaginare che anche questo
solido fittizio a quattro dimensioni spazio-temporali, possa
dare origine, muovendosi lungo un'altra direzione
(perpendicolare alla direzione tempo, per intenderci) ad un
altro "solido" fittizio che avrebbe ora cinque dimensioni.
Anche questo solido pentadimensionale sarebbe l'integrale di
tutte le posizioni che il "solido" quadrimensionale possa
assumere lungo l'asse di questa nuova direzione.
Questa visione appagherebbe i nostri sensi ed è
matematicamente spiegabile, anche se sappiamo essere una

costruzione mentale, perché il nostro mondo, ovvero la percezione che abbiamo di esso sarà sempre e solo tridimensionale.

Possiamo definire questa nuova direzione come la direzione del pensiero, dell'immaginazione mentale, o come spesso viene chiamata, astrale!

Una immaginazione che ci permetterebbe di osservare tanti elementi spazio-temporali affiancati, cioè tante vite, ovvero tante situazioni relative ad una sola vita, che si muovono, evolvono, in un contesto che comunque difficilmente potremmo spiegare a parole.
Possiamo ritornare al quesito di cosa possa essere reale e considerare anche questa sfera mentale dell'immaginario come "probabilmente reale"?

Comunque potremmo rivedere perlomeno la nostra definizione di vita che abbiamo introdotto per definire lo spazio quadrimensionale, una vita che sarebbe l'insieme di molte, forse infinite, altre vite, che ritroviamo in un contesto astrale, mentale o immaginario, dove a questo punto l'immaginario non è solo pura astrazione, essendo composto da elementi "concreti": gli spazi quadrimensionali.
Se una casa è costituita da tanti mattoni, una città da tante case ed una nazione da tante città, noi diciamo che una nazione è reale, anche se "nazione" è solo un concetto, perché costituita alla base da elementi reali.

Quindi una quinta dimensione è reale perché congloba degli elementi di spazio-tempo che noi consideriamo reali.

Fig. 4 : Quinta dimensione   Contemporaneità di universi spazio.temporali

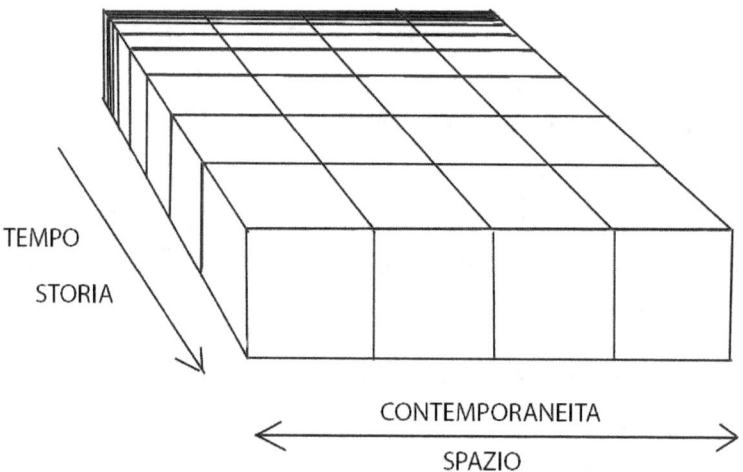

Adesso vorrei fare una riflessione che potrebbe apparire strana: parlando della retta ho affermato che questa potrebbe rappresentare passato, presente e futuro di un ipotetico punto che si muovesse lungo la direzione della lunghezza, direzione che potrebbe andare nei due versi possibili, cioè da destra a sinistra oppure da sinistra a destra.

Ma per potersi muovere questo punto avrebbe bisogno della dimensione del tempo; questo è più evidente nel passaggio dalla terza alla quarta dimensione, dove il solido, effettivamente si muove lungo la direzione del tempo ma, attenzione, qui siamo obbligati ad immaginare univoca questa direzione, non avendo la possibilità di stabilire che il tempo possa scorrere all'indietro, la direzione del tempo dovrebbe essere solamente una.

Passando però alla quinta dimensione potremmo andare oltre alla concezione della direzione univoca del tempo.

Immaginiamo questa nuova dimensione come un piano formato dall'insieme di tutte le quarte dimensioni, di ipotetici altri universi, affiancate, che a loro volta sono effettivamente oggetti tridimensionali che si muovono nel tempo, e immaginiamo di poterci muovere su questo piano come fosse una superficie bidimensionale, in tutte le direzioni possibili giacenti su quel piano.

Se prendiamo un foglio di carta e ci posizioniamo con la matita in un qualsiasi punto al suo interno, possiamo tracciare delle linee partendo da questo punto in qualsiasi direzione; analogamente se ci ponessimo in un punto del nostro "piano" a cinque dimensioni (che non sarebbe ovviamente un punto ma un elemento tridimensionale) potremmo muoverci in qualsiasi direzione, che in questo caso corrisponderebbe con tutte le manifestazioni della dimensione del tempo, potremmo cioè muoverci sulla stessa linea temporale, oppure in avanti od indietro nel tempo, questo perché ci muoviamo un una quinta dimensione mentale, del pensiero, su un piano astrale, dove abbiamo la facoltà di posizionarci dove vogliamo rispetto alla direzione del tempo.

Capisco che questo pensiero debba essere compreso perché difficilmente spiegabile a parole!

Muoversi lungo la stessa linea temporale significa rimanere nel presente ma attraversare condizioni diverse di stato tridimensionale.
Nel caso di un qualunque solido la cosa non potrebbe portare dei cambiamenti significativi in quanto non si modifica la struttura puramente tridimensionale, ma nel caso umano, facendo anche noi parte del "mondo tridimensionale", bisogna considerare che questo potrebbe portarci a vivere diverse situazioni, cioè a viverne una fra le tante possibili.
In effetti potremmo vagare lungo questa linea sincronica senza neanche accorgerci, pensando che gli avvenimenti della nostra vita siano univoci, senza prendere in considerazione la possibilità di poter interagire con altri universi possibili che ci porterebbero a vivere altre possibili "storie".

Ci sarebbe sicuramente la possibilità di considerare di poterci spostare in altre dimensioni oltre lo spazio-tempo, ma avremmo difficoltà a comprendere come, con le sole nostre percezioni intellettuali.
Possiamo solamente supporre, semplificando, dato che ogni particella di cui è formato ogni corpo tridimensionale, in un certo contesto, non ha una posizione definibile essendo, nel

contempo, onda e particella, che vi siano altri universi spazio-temporali "paralleli" a quello che sembrerebbe per noi essere l'unico e col quale continuamente interagiamo.

La direzione in cui si muovono questi universi paralleli non è quella del tempo ma quella della contemporaneità: ad ogni istante sono presenti diverse ipotesi di realizzazione, una sola viene fissata come quella "scelta", anche se i criteri di realizzazione potrebbero essere anche casuali, indipendenti dalla volontà ma frutto di circostanze o di interpretazioni di uno stato dell'essere (come cercherò di spiegare nel prossimo capitolo).

Resta appunto da comprendere e definire se questa è effettivamente una scelta oppure una imposizione, anche perché dovrebbe interessare non un singolo individuo e nemmeno tutti gli abitanti della terra, ma l'universo in generale, dalle galassie ai singoli atomi che le compongono. Paragonando questa nuova dimensione al rapporto tra punto e retta è come se ci fossero tante rette parallele affiancate e la dimensione spazio-temporale sia un punto che invece di muoversi su di una stessa retta possa saltare indifferentemente da una retta all'altra con un movimento a zig zag non solo nella stessa direzione sincronica, ma anche in qualunque altra direzione, quindi anche avanti o indietro nel tempo.

Ogni singolo elemento della realtà tridimensionale potrebbe seguire strade diverse, ma questo provocherebbe un caos inimmaginabile; ci deve essere quindi un legame tra questi elementi di modo che, almeno entro certi limiti, non si parli di caos ma di "fluttuazione ordinata".

Eppure questa condizione la possiamo vivere tutti i giorni anzi, di solito, tutte le notti, quando sogniamo.
Nel sogno abbandoniamo la nostra costituzione tridimensionale, la bypassiamo e saltiamo direttamente nella quinta: qui non abbiamo più un corpo fisico ma ci caliamo in un corpo astrale, ci possiamo muovere come vogliamo in qualsiasi direzione anche temporale, ma purtroppo generalmente subiamo questa condizione senza poter interagire. Per farlo bisogna trasportare anche la nostra coscienza in questa dimensione, questo pare che avvenga nei cosiddetti sogni lucidi o, per meglio dire, nelle uscite lucide in corpo astrale.

Possiamo anche andare oltre la quinta dimensione?
Sinceramente penso sia possibile applicando via via lo stesso metodo all'infinito, anche se le dottrine filosofiche si fermano ad una settima dimensione.
Quello che dobbiamo comprendere è che tutte queste dimensioni sono presenti le une dentro le altre e che l'uomo, e tutti gli esseri, animati e non, vivono contemporaneamente in tutte queste dimensioni.

4 . La teoria delle porte

Per cercare di capire meglio, attraverso altre argomentazioni, in cosa consista la possibilità di muoversi in universi sincronici, come affermato nel capitolo precedente, vorrei fare delle considerazioni su quella che io ho chiamato la "teoria delle porte", ma che forse esiste già con nomi diversi.

Partiamo dal fatto che in ogni istante della nostra vita siamo costretti a prendere delle decisioni, qualsiasi cosa noi facciamo dipende da una nostra scelta: come se ci trovassimo ogni volta in una stanza virtuale con di fronte due o più porte da poter aprire per accedere ad una stanza successiva dove si accede ad una data condizione esistenziale.

Ogni volta apriremo una sola porta e questa ci condurrà in una determinata "stanza", tracciando così il cammino degli avvenimenti della nostra esistenza; dobbiamo poi capire se ciò dipenda realmente dalla nostra volontà oppure se già tutto è stato preordinato da una "volontà" superiore.

Immaginiamo di trovarci nell'attimo in cui al mattino, rientrando dai nostri viaggi onirici nel nostro corpo materiale, ci troviamo di fronte alla prima scelta: alzarci dal letto o no!

Se scegliamo di alzarci ci ritroveremo in una stanza avendo di fronte innumerevoli "porte": fare colazione, andare in bagno, aprire le finestre, accendere la tv ecc ... ne sceglieremo una e ci ritroveremo in un'altra stanza dove magari ritroveremo ancora le stesse porte in aggiunta a delle nuove ... e così via per tutta la giornata.

Quindi ogni volta che apriamo una porta accediamo ad una stanza in cui vi sono almeno due porte tra le quali poter scegliere il nostro percorso. Anche se l'azione che vogliamo compiere sembra univoca, cioè se ci sembra di non avere altre scelte, abbiamo sempre la possibilità di non farla.

Per esempio dopo esserci alzati sembra ovvia l'azione di doversi vestire, ma nulla ci vieta di non farlo rimanendo in pigiama per il resto della giornata.

Potrebbe essere tutto ridotto, appunto, alla scelta se fare o non fare una determinata azione. In questo modo, invece di avere ogni volta una stanza con numerose porte, avremo numerose stanze con solo due porte ognuna.

Questo implica il dover fare ogni volta soltanto la scelta tra compiere o non compiere l'azione considerata, riducendo la questione ad un "lo faccio oppure non lo faccio".

Ci troviamo di fronte alla condizione I/O tipica dei circuiti logici elettronici in cui si applica l'algebra booleana, dove tutto è subordinato alla presenza o meno di un segnale: un interruttore acceso oppure spento, in sequenza, generano un codice che da uno stato iniziale, attraverso varie condizioni, portano allo stato finale di un sistema.

Questa condizione ci porta a riconoscere ed a definire una concezione bipolare della realtà basata sul riconoscimento degli opposti, cioè se accettiamo una condizione neghiamo il suo opposto, dando una valenza al dubbio amletico "essere o non essere": se apriamo una porta neghiamo l'apertura dell'altra (che ci avrebbe condotto nella stanza della condizione opposta).

Il percorso che si delinea dall'apertura sequenziale delle nostre porte assomiglia ad un "programma logico", proprio come nei circuiti elettronici dei computer, dove ci sono delle condizioni e delle "istruzioni " da seguire.
Alcune porte le potremo aprire solo se si sono verificate delle condizioni in sequenza: se mi sono alzato, mi sono lavato, poi mi sono vestito, allora posso uscire. Questo ricalca, ad esempio, l'istruzione if … then che troviamo nel linguaggio di programmazione "Basic". Oppure potremmo aprire una porta solo se prima abbiamo soddisfatto una data condizione od altre equivalenti, in numero ristretto rispetto a tutte le condizioni possibili.
Ad esempio posso raggiungere un'isola dalla terraferma solo su di una barca o una nave, con un mezzo in grado di volare o nuotando (se sono un abile nuotatore), non ci arriverei certo camminando sulle acque!

Ma il dilemma è se siamo noi i programmatori o seguiamo un programma già definito: se siamo noi artefici del nostro destino o lo subiamo passivamente.
Ogni volta che siamo di fronte ad un interrogativo effettuiamo una scelta, ed una sola, quella poi diverrà per noi l'unica scelta possibile, per il solo fatto che la stiamo attuando.
Anche se siamo sempre nel dubbio di quale possa essere la migliore, alla fine, scegliendo, apriamo una sola porta e

tenendo chiusa l'altra, non sapremo mai con esattezza dove ci poteva condurre.

In effetti parrebbe sempre e solamente una nostra decisione aprire o no una determinata porta, ma non possiamo escludere che il meccanismo che ci induce a ciò sia già preordinato in qualche angolo della nostra mente, magari ricalcando delle precise istruzioni karmiche, come se fossimo un computer che esegue un programma interno, inaccessibile all'operatore.

Si potrebbero spiegare così i modi di agire che noi definiamo come "riflessi istintivi", cioè certe azioni che ci troviamo a compiere istantaneamente senza nemmeno pensare ad una scelta, anche se questa comunque sia stata sempre possibile. Afferrare un bicchiere che cade dalla tavola è un gesto "di riflesso", in fondo giusto e sicuramente, se avessimo avuto il tempo di pensarci, sarebbe stata la nostra scelta, perché il non farlo darebbe luogo a sgradevoli conseguenze; ma prima di poter elaborare un pensiero i nostri muscoli già si sono mossi, eseguendo un "programma" che tiene conto della necessità di dover agire istantaneamente affinché l'azione abbia successo, tenendo conto di alcune informazioni contenute nella memoria del nostro cervello che a loro volta costituiscono le cosiddette esperienze, forse anche più velocemente dell'elaborazione della nostra mente.

Anche il nostro agire "istintivo" potrebbe esserne conseguenza; per noi compiere un gesto istintivo equivale ad agire senza porsi interrogativi, lasciandosi trasportare da "qualcosa" che sentiamo provenire da un'altra parte che non dalla nostra mente razionale.

Noi diciamo che gli animali agiscono d'istinto perché, molto spesso, non riconosciamo in loro il potere intellettuale di poter fare delle scelte: l'istinto dell'uccello che costruisce il nido, del salmone che dal mare risale il fiume per deporre le uova ... forse, anche per loro, istruzioni di un programma già predeterminato?

Da queste considerazioni, però, non dobbiamo trascurare un altro fattore: l'interferenza esterna.

Quando apriamo una porta ed entriamo in una stanza potremo trovarci a condividerla con altri che si trovano, in quel momento, a vivere la nostra stessa esperienza; quando apriamo la porta di un ascensore e vi entriamo potremmo trovarci, per alcuni minuti, in compagnia di altre persone, siano essi estranei oppure gente che già conosciamo.

Questa situazione potrebbe anche interferire sulle successive nostre decisioni, ma potrebbe anche essere ininfluente, dipende da quale "porta" apriremo in quel frangente.

Ma più eclatante è l'interferenza dovuta a fattori esterni, apparentemente indipendenti dalla nostra volontà, come se, ad esempio, l'ascensore in cui ci troviamo si bloccasse di colpo oppure ci capitasse un qualunque "incidente" che non è direttamente conseguenza di una nostra "scelta", si apre così una porta che noi non pensavamo di aprire e ci ritroviamo in una stanza "scomoda" in cui non pensavamo di entrare.

Ma allora chi ci ha aperto quella porta? Quale volontà ha agito per conto nostro mettendoci di fronte ad una situazione che non volevamo affrontare? Inoltre perché ci viene impedito di aprire la porta che volevamo?

Il "programma" sta eseguendo le istruzioni senza tenere conto dei nostri input !!! In altre parole il nostro futuro è già scritto nella fatalità di ciò che chiamiamo destino?

Se noi immaginiamo di essere scrittori e di scrivere un libro, ad ogni frase saremmo di fronte ad una scelta per far proseguire il nostro racconto, magari poi ritornando a correggere quello scritto in precedenza, ma alla fine la nostra storia avrà descritto un certo percorso, magari leggermente diverso dall'idea che avevamo in partenza. E se questa storia fosse l'unica che potevamo scrivere perché già predefinita?
Se avessimo soltanto seguito delle "istruzioni" pensando di aver fatto delle scelte e di essere stati creativi?
Se avessimo solo preso conoscenza di una storia, di un percorso che già esisteva, e lo avessimo solo sviluppato integrandolo nel tempo?

E se la nostra vita fosse come questo libro?

Quindi noi tutti, esseri umani, saremmo sempre indaffarati ad aprire porte in un labirinto che porta sempre allo stesso punto, l'unico che potremmo raggiungere. Nei nostri percorsi ci incrociamo, interagiamo, pensiamo ci capitino incidenti o colpi di fortuna … ma poi tutto si dissolve: game over, arriva la

morte che chiude tutte le porte e ce ne apre un'altra, uguale per tutti, che azzera tutto per farci ricominciare di nuovo.
Per uscire dal "programma" e vincere il gioco dobbiamo cambiare la nostra strategia.
Dovremmo essere in grado di abbandonare la frenesia di aprire le porte ed innalzarci per guardare questo labirinto dall'alto, solo così avremmo la chiara visione di tutto il percorso e finalmente individuare l'uscita, prima che il nostro tempo scada ... perché potrebbe essere l'ultima vita che abbiamo a disposizione!

Tornerò poi sulla questione delle vite e delle cosiddette reincarnazioni, ma per ora cerchiamo di collegare quanto detto riguardo alla teoria delle porte con i ragionamenti precedenti.

Immaginiamo che l'uomo, o qualsiasi essere vivente, si comporti come la particella lanciata contro le fenditure nell'esperimento già citato; come abbiamo visto non è possibile determinare il percorso che si fa durante un arco di tempo, ossia nella nostra vita. Teoricamente possiamo operare ogni scelta possibile; ogni situazione è possibile, potremmo aprire ogni porta.
Ma cosa determina la definizione certa di un percorso?
L'esperimento delle fenditure ci dice che è l'osservazione a definire il percorso della particella!

I casi sono due: o c'è un osservatore al di sopra del nostro percorso temporale, della nostra esistenza in vita, un osservatore soprannaturale, che osservandoci determina il percorso della nostra storia, l'apertura di tutte le porte, e questo diventa l'unico percorso possibile; oppure siamo noi stessi che, in ogni istante, osservandoci determiniamo questo percorso e lo fissiamo come unico possibile, fissiamo cioè la nostra storia.

Ma la domanda che ci dobbiamo porre è questa:

Le diverse osservazioni di noi stessi possono cambiare la nostra storia?

Non è detto che questo possa avvenire, ma non possiamo nemmeno essere certi del contrario, comunque, anche se la storia del nostro passato cambierebbe ogni volta, per noi sarebbe sempre l'unica che possa essere avvenuta!

In altro modo, se noi riuscissimo a sintonizzarci su una "storia" diversa, ovvero tra le diverse possibilità spazio-temporali, saltando cioè in maniera sincronica dall'una all'altra delle possibilità simultanee che abbiamo visto in un universo a cinque dimensioni, potremmo cambiare la nostra vita, far succedere cose diverse, attirare ricchezze ed amori, tutto questo però potrebbe avvenire utilizzando una certa "energia" necessaria per modificare tali condizioni.

Come utilizzare e da dove prendere questa energia potrebbe essere spiegato attraverso un percorso di elevazione dei nostri potenziali, attraverso la meditazione, ad esempio o addirittura alla magia.

Questa energia è in sintesi una presa di "coscienza" di una parte del nostro essere: la parte del divino che è in noi, la scintilla dell'Essenza Superiore che alberga nella nostra anima. Con l'osservazione della nostra coscienza interiore fissiamo gli avvenimenti e determiniamo la nostra "storia", ma non solo, questa energia, potenzialmente, può trasportarci avanti ed indietro nel tempo, almeno quello che per noi rappresenta lo scorrere del tempo, se riusciamo a sintonizzarci sulla quinta dimensione in maniera "cosciente".

Abbiamo poi accennato ad un altro concetto fondamentale, ovvero la dualità della nostra realtà, anche questo sarà un argomento che riprenderemo in seguito. Vorrei solo accennare ad un esperimento fatto con delle persone a cui veniva fatto scegliere uno tra due percorsi, apparentemente uguali, che poi alla fine si ricongiungevano, senza avere la possibilità di sapere cosa avveniva dall'altra parte.
In uno dei due percorsi venivano provocati degli eventi traumatici che, pare, venissero percepiti inconsciamente anche da chi sceglieva l'altro percorso privo di questi eventi.
Questo affermerebbe che assorbiamo le informazioni dalle conseguenze che potrebbero essere traumatiche, anche da quelle scelte che non facciamo.
Se questo fosse verificato significherebbe che impariamo anche dalle scelte non fatte, che ci avrebbero comunque insegnato qualcosa, anche se in modo traumatico.

5 . Il tempo: presente, passato, futuro

Abbiamo prima cercato di spiegare la storia della nostra vita
paragonandola alla incerta situazione quantistica di una
particella, poi abbiamo introdotto la dimensione temporale ed
una quinta dimensione di probabili universi sincronici; adesso
proviamo a fare una congettura che può sembrare assurda,
cioè poniamo che tutto quello che noi indichiamo come
"il passato" ed "il futuro" non fosse altro che una
immaginazione, una suggestione mentale, come se non
esistesse altro che il momento presente!
Cosa accadrebbe se non esistesse il tempo come lo
consideriamo noi, ma tutti vivessero contemporaneamente in
una situazione che noi identifichiamo con il presente, dentro
un universo olografico?
Proviamo a cancellare la quarta dimensione dallo schema che
ci siamo fatti, cioè avere solo una infinita serie di universi
sincronici, magari tutti interconnessi, avendo la possibilità di
poter saltare simultaneamente a nostro piacimento dall'uno
all'altro, ma eliminando la possibilità di poterci muovere lungo
la dimensione temporale, cioè indipendentemente dal
concetto di tempo.
Quello che si modifica è la nostra concezione di quello che
dovrebbe essere accaduto, sia pochi istanti prima, sia un
mese, un anno, un secolo fa!
Tutto quello che chiamiamo "storia" sarebbe solo un ricordo
collettivo appiattito di eventi, riferiti a quell'universo in cui ci

troviamo, che assumiamo come postulati del nostro vissuto, anche se probabilmente diversi dagli universi possibili!

Socrate, Napoleone, Einstein, potrebbero non essere mai esistiti realmente negli altri universi adiacenti al nostro.

Secondo questa congettura non avrebbe senso nemmeno parlare di futuro perché esso non esisterebbe, avvenendo ogni azione nel presente.

Torniamo a considerare che la nostra visione della realtà avviene tramite la ricostruzione olografica che ne fa il cervello: la fonte dell'input che permette questa ricostruzione è la mente creativa di cui ognuna delle menti individuali rappresenta una parte in modo frattale.

In definitiva, l'affermazione più significativa che potremmo fare, è che siamo noi con la nostra mente a crearci l'ologramma che poi riconosceremo come nostra realtà.

Quello che viviamo sarebbe solo una delle situazioni possibili, quella che per qualsiasi ragione noi ci siamo costruiti e che ci appare veritiera ed il confronto con i ricordi del passato, la storia di altre persone, sarebbe in realtà fittizia, perché ognuno sarebbe convinto che tutti abbiano memoria degli stessi eventi.

Se, per assurdo, ad un certo punto della nostra vita ci ponessimo le fatidiche domande "chi sono e cosa faccio qui" cioè prendessimo coscienza del nostro esistere, ad esempio all'età di 20 anni, sarebbe come se aprissimo un libro di circa 100 pagine a pagina 20, ed iniziassimo a leggerlo da lì; anzi sarebbe come se sapessimo già cosa ci fosse scritto nelle prime 20 pagine senza avere bisogno di leggerle ed a chiunque ne parlassimo ce ne confermerebbe il contenuto, perché anche loro hanno aperto ora quel libro e credono di avere una memoria di quello che hanno letto esattamente simile alla nostra.

Noi per ricordarci del passato abbiamo molti mezzi: vari reperti, oggetti, scritti, registrazioni audio e video, ma anche emozioni, delusioni, stati d'animo. Potrebbe essere che tutto questo che a noi appare come una storia vissuta faccia parte di un "pacchetto" statico preconfezionato? Ovvero come se si trattasse di un libro dove sta scritta tutta la nostra vita, ma che non riusciamo a leggere tutto contemporaneamente e che, di conseguenza, per prenderne visione dobbiamo eseguirne la lettura pagina per pagina, in sequenza, come seguivamo punto per punto lo svolgimento della retta.

In altre parole tutto avviene contemporaneamente ma non abbiamo la capacità di percepire tutto assieme, dobbiamo avanzare passo passo, pagina dopo pagina, in un susseguirsi di attimi del presente.

Provate a considerare il vostro attimo presente ... non riuscirete a dare dei confini al passato ed al presente, perché mentre ci pensate quello che state facendo già appartiene al passato. Quando avrò finito di scrivere queste mie considerazioni e le rileggerò sarò sicuro di averle scritte o starò solo prendendo atto di quello che penso sia stato il mio passato nei minuti immediatamente precedenti?

Quando penso a come ero da giovane ed a tutta la mia vita, sono sicuro di averla vissuta in un orizzonte temporale o sto solo prendendo atto di come sono adesso e di come penso di essere stato? Sarebbe come se guardassi la mia vita solo dal di fuori (come nell'esempio della lettura della retta) e seguissi un punto che rappresenta il mio attimo presente; lo vedrei disegnare la "storia" della mia vita, ma in realtà questa è già tutta formata solo che non riuscirei a vederla tutta contemporaneamente.

Naturalmente per noi questa potrebbe apparire come una teoria assurda perché la materia, parte essenziale della nostra vita in generale, come siamo abituati a pensarla, non può prescindere dallo scorrere del tempo.

Noi siamo soliti dire che il tempo scorre paragonandolo allo scorrere delle acque di un fiume, ma in effetti noi del tempo che trascorre abbiamo solo misure comparative e non possiamo parlare di tempo senza associarlo allo spazio: la misura con cui pensiamo di misurare il tempo è un movimento nello spazio di fenomeni periodici, come la rotazione della terra intorno al sole, i cicli della luna o la rotazione della terra attorno al proprio asse o la semplice oscillazione di un pendolo. Ore, mesi, stagioni, anni sono misure fondamentali del tempo e sono legate a cicli naturali.

Come abbiamo visto precedentemente sappiamo che le particelle di qualsiasi elemento della materia potrebbero comunicare istantaneamente una con l'altra, indipendentemente dalla distanza che le separa, questo viene definito come Entanglement quantistico.

Se due particelle hanno avuto qualche contatto ed hanno interagito esse continuano ad interagire anche se vengono allontanate a distanze siderali, quindi la loro separazione è solo apparente. Perlomeno questa è la conclusione di alcuni esperimenti che però pare siano contestati da una parte del mondo scientifico per due motivi fondamentali:

il primo è che la distanza considerata per l'esperimento è relativamente grande, ma non sufficientemente grande per considerarla un valore assoluto.

Il secondo motivo è che le due particelle considerate interagiscono sempre anche con altre particelle, anche solo con i fotoni necessari per poterle osservare, quindi questo introduce dei fattori di dubbio.

Comunque, non mettiamo in discussione la teoria dell'entanglement, poniamo che sia effettivamente verificata, questo significherebbe che, ad un livello più profondo della nostra conoscenza, tutte le cose sono infinitamente collegate, tutto compenetra tutto come se fosse un solo corpo, una sola cosa; ma la considerazione finale potrebbe essere che siccome è la nostra mente a creare ed interpretare la realtà olografica, quindi tutto l'universo, ogni particella di esso è legata a questa mente creativa, cioè si trova in uno stato di entanglement con essa, di conseguenza ognuna di queste particelle è legata alle altre poiché legata alla mente creatrice.

In un universo olografico come lo immagina il nostro cervello, dove il concetto di posizione, come abbiamo visto, è fittizio, dove nulla è veramente separato dal resto, anche il tempo e lo spazio tridimensionale dovrebbero essere interpretati come semplici proiezioni di un sistema più complesso.

La nostra realtà non sarebbe altro che una sorta di super-ologramma dove il passato, il presente ed il futuro coesistono simultaneamente e non si possano collocare in uno spazio definito perché "esistono" ovunque.

Se in ogni singola parte di un ologramma sono contenute tutte le informazioni che compongono l'ologramma stesso, secondo la definizione di frattale, significa che l'informazione è distribuita non-localmente , cioè non ha una collocazione spaziale, laddove "locare" significa assegnare una posizione, mettere in un luogo.

Quindi se il nostro universo è organizzato secondo principi olografici, anch'esso potrebbe avere delle proprietà non-locali e quindi ogni particella esistente contiene in sè stessa l'immagine dell'intera conformazione dell'universo stesso, dalle particelle subatomiche alle galassie giganti, tutto è allo stesso tempo parte infinitesimale e totalità di "tutto".

Queste sono affermazioni basilari che vanno comprese perché le ritroveremo sempre, anche in altri ambiti.

Prima abbiamo detto che a determinare la nostra storia, il nostro vissuto, potrebbe essere un osservatore alla fine del nostro tunnel esistenziale, oppure noi stessi che ad ogni istante fissiamo, con l'auto osservazione, ciò che ci accade, determinando la nostra storia precedente.
Se vivessimo sempre nel presente non avrebbe senso pensare ad una storia precedente, ma nemmeno ad una storia futura.

L'ipotesi che il tempo non esista sembra essere dunque assurda?
Lasciamo di nuovo in sospeso questa questione e proseguiamo.

C'è stata nella storia del nostro universo una situazione certa in cui non esisteva il tempo? Una grande domanda oggetto di discussioni tra gli scienziati ed anche tra gli astronomi!

Tutta la storia del nostro universo ha avuto origine da un punto, da una particella, un fotone o chissà cosa.
Il grande enigma della scienza, ma anche delle religioni, è capire come abbia potuto, dal nulla, o da un buco nero, o da qualsiasi altro status, evolversi quella singolarità che racchiude infinite forze ed è essa stessa origine del tempo e di qualsiasi forma materiale, cioè quello che viene definito Big Bang, la grande esplosione, l'espansione e la formazione della materia di cui è costituito l'universo visibile.
Ma quante probabilità ci potevano essere che sarebbe avvenuto in quel momento ed in quella posizione?

In effetti non è che ci sia stata una posizione precisa perché non si sa come si possa collocare questo punto in quell'infinito che chiamiamo cosmo, non sapendo quanto sia esteso, potrebbe essere collocato in ogni posizione possibile.

In un universo indeterminato, qualsiasi punto si consideri, sarà a sua volta indeterminato, quindi torniamo a parlare di universo non-locale.

Allo stesso modo potremo dire che non ci può essere stato un istante iniziale, perché il concetto di tempo nasce proprio in concomitanza con la nascita e l'esplosione della materia.

Ma perché lo chiamiamo universo? Perché si muove, si espande in un solo verso? Probabilmente si, e questo è quello che a noi pare essere il verso del tempo, il quale, a sua volta inizia da quell'evento.

La direzione del tempo, il suo verso, deve essere forzatamente una sola, ma questo lo vedremo più avanti riferendoci all' entropia.

Tutte le dimensioni che abbiamo visto prima che origine hanno avuto? Non le potremmo considerare a prescindere dall'elemento o vettore tempo?

Noi non saremmo in grado di distinguere uno spazio infinitamente piccolo da uno infinitamente grande se non avessimo il riferimento del tempo, quindi, in questo contesto, il nostro punto infinitamente piccolo, dal quale siamo partiti, avrebbe la stessa valenza di un universo infinitamente grande. La nostra esistenza, convenzionalmente, viene collocata all'interno di un universo infinitamente grande, ma se consideriamo globalmente la questione, potremo anche affermare che siamo in una determinata posizione tra l'infinitamente grande e l'infinitamente piccolo.

Non riusciamo a definire in modo certo l'infinitamente grande, perché qualsiasi spazio possiamo immaginare sarà parte di altrettanti spazi infinitamente più grandi, così come qualsiasi particella che noi consideriamo infinitamente piccola potrebbe contenere, a sua volta, infinite schiere di particelle ancora più piccole. Il cerchio quindi si chiude su sé stesso, non riuscendo a stabilire dei confini le due posizioni si confondono nella concezione di infinito.

Questo modo di concepire lo spazio infinitamente grande o infinitamente piccolo potrebbe essere causato dalla nostra prospettiva di osservatori, come accade nella prospettiva che noi applichiamo nei disegni per raffigurare in un piano bidimensionale una scena tridimensionale.

Se, per esempio, siamo in auto ed entriamo dentro una galleria, un tunnel, mano mano che lo percorriamo, osservando dietro a noi l'apertura dalla quale siamo entrati, la vedremo divenire sempre più piccola fino a che ci apparirà come un punto lontano, mentre l'uscita ci apparirà sempre più grande; sappiamo che è un'illusione dovuta alla prospettiva della posizione che occupiamo all'interno di questa galleria, e che ingresso, uscita e tutto il tunnel non variano di dimensione. Quindi lo spazio infinitamente grande o infinitamente piccolo è solo illusione dovuta alla nostra prospettiva, alla posizione in cui ci troviamo e, probabilmente, conseguentemente, alla variabile tempo.

L'infinito dunque potrebbe anche essere definito come uno spazio senza tempo, ma uno spazio senza tempo è ineffabile, trascende la nostra conoscenza perché non ci obbliga a fare distinzioni: è tutto e nulla, è bene e male, gioia e dolore, luce e tenebre.

Il nostro mondo materiale è fatto di distinzioni, l'albero della conoscenza del bene e del male.

Queste distinzioni ci portano soggettivamente a schierarci a favore di un aspetto rispetto all'altro, perché lo riteniamo giusto, utile e corretto. Ma se pensiamo, per fare un esempio geometrico, alle due facce di un piano, diciamo subito che vi è un sopra e un sotto, una parte visibile ed una nascosta; in effetti il piano è unico, le due facce esistono contemporaneamente e siamo solo noi che le vediamo diversamente: le distinguiamo.

Analogamente noi viviamo nel nostro spazio tridimensionale ma non vediamo "l'altra faccia" delle dimensioni superiori, eppure, sicuramente, ne facciamo parte.

Valicare la soglia che ci imprigiona in questo mondo tridimensionale è impossibile, dal punto di vista razionale, perché tendiamo sempre ad avere un appiglio con la nostra concretezza, perché supponiamo di esistere solo ed unicamente nel nostro bel mondo materiale.

Il tempo, dunque, rappresenta il mezzo attraverso il quale riusciamo a integrare i molteplici aspetti dell' "unità".
Come nella retta sono contenuti simultaneamente tutti i punti che la compongono e che noi riusciamo a percepire "leggendoli" con l'osservazione visiva, così riusciamo a percepire i vari istanti della nostra vita attraverso l'evoluzione del tempo.

Immaginiamo che la storia della nostra vita fosse già scritta, proprio come nel solito libro che esiste magari da anni, noi però la scopriamo con la "lettura", cioè leggendo parola per parola, vivendo istante per istante, in questo modo la integriamo nel tempo.
L'evoluzione della nostra vita, l'evoluzione del genere umano sarebbe solo una "conoscenza", quindi una presa di coscienza, di ciò che già esiste.

Questo si potrebbe spiegare, in parte, considerando che quando noi conosciamo qualcosa è perché scindiamo la realtà dell'essere unico in maniera bipolare "riconoscendo" gli opposti che lo compongono: riconosciamo la luce perché percepiamo anche il buio, il silenzio perché udiamo il suono, l'amore perché conosciamo l'odio.

Tutto quello che è contenuto dal punto all'infinito è quindi in realtà una sola cosa che, però, per manifestarsi, per essere percepita, deve scindersi in opposti ed essere integrata nel tempo.

6 . Il treno della vita

Tornando a quello che abbiamo visto riguardo alla quinta dimensione, consideriamo ancora il movimento del nostro elemento tridimensionale nella direzione del tempo, naturalmente ammettendo che esso esista.
Nell'esempio precedente abbiamo posto che questo elemento fosse un cubo, ora immaginiamo di osservarlo paragonandolo ad una carrozza di un treno.
Un osservatore esterno potrebbe interpretare questo movimento, analogamente ad un punto che si muove nella direzione lunghezza, come un lungo treno con tante carrozze, ma in effetti è solo la stessa carrozza che contiene un istante dell'esistenza dell'universo e che nel suo movimento lungo l'asse del tempo lascia una scia di "memoria" che dà l'impressione di un treno formato da infinite carrozze.
Naturalmente in questa carrozza ci sono racchiuse le esistenze di tutti gli esseri umani, forse anche degli alieni, se esistessero, nonché animali, vegetali e minerali, ogni atomo o particella presenti in quell'istante nell'universo.

La vita di un uomo si svolge entro l'ambito di una di queste carrozze virtuali, nella quale egli è in compagnia e quindi convive, oltre che con i suoi simili, anche con tutti gli altri succitati elementi dell'universo.
Ad un certo punto, inevitabilmente, l'essere umano muore, quindi lascia la carrozza di questo treno, che prosegue la sua

corsa senza di lui; la domanda che ci si pone inevitabilmente è cosa succede e dove si va a finire dopo la morte?

Il corpo materiale, che è composto in fondo degli stessi elementi primari di cui sono composti tutti gli occupanti dell'universo, rimane sulla carrozza ma si trasforma chimicamente di modo che il bilancio energetico universale rimanga immutato, cosa che succede allo stesso modo anche ad animali piante e minerali, cosicché la carrozza non sia sbilanciata e non "sbandi" lungo il suo cammino.

Dobbiamo considerare che oltre al nostro contenitore terreno, ovvero il corpo fisico, esiste anche un corpo eterico o corpo astrale. Questo corpo astrale è descritto in vari modi nella letteratura esoterica ed agisce anch'esso nella quinta dimensione, sostanzialmente la dimensione del sogno, dove si può entrare in modo inconsapevole nel normale sonno notturno od in modo lucido attraverso varie tecniche, ed è la stessa dimensione alla quale si accede dopo la morte.

Dai vari racconti di persone che hanno avuto esperienze di premorte si deduce che essi non si accorgono di essere morti ma continuano ad eseguire le stesse attività, come se fossero vivi. La differenza tra sogno e morte è molto sottile, almeno nelle prime fasi, come sintetizzò Shakespeare: morire, dormire, forse sognare!

Il corpo astrale si ritrova a vagare su tutti gli altri ipotetici binari di altri universi sincronici dove scorrono altri treni; anche se questa situazione sarebbe da interpretare come si trattasse dello stesso treno visto da altre prospettive, cioè in tutte le possibili esistenze di infiniti altri possibili universi; qui in genere sosta per magari sbirciare cosa avvenga in questa quinta dimensione che, ricordiamo, non è soggetta alle leggi del tempo come le intendiamo noi nel tridimensionale. Potrebbe addirittura andare a vedere, sul treno dove si trovava prima, cosa succede nelle carrozze che appartenevano al suo passato ed anche a quelle che erano più avanti, quelle del futuro, che non ha mai visto quando era sul treno.

La letteratura esoterica, difatti, ci parla di questo vagare dei corpi eterici nella dimensione astrale e menziona i registri akasici, che sono dei veri e propri libri, nei quali coloro che hanno la facoltà di poterli leggere, possono sfogliare le esistenze passate e future dell'umanità e dell'intero cosmo. Sempre la letteratura esoterica ci dice che la nostra parte non fisica, quindi l'anima, ad un certo punto potrebbe ritornare in un altro corpo, cioè tornare sul treno che aveva lasciato. Questo avviene durante il concepimento tra un uomo ed una donna: la parte animica, che è collocata in un corpo eterico nella quinta dimensione, entra in un altro corpo materiale che poi rinasce a vita umana durante il parto.

Comunque sembra che questo avvenga sempre in un tempo futuro rispetto alla precedente morte: questa condizione è spiegabile dal nostro punto di vista perché sarebbe molto traumatico ritornare nel passato avendo ricordi di un futuro che nessuno ha ancora vissuto, mentre invece succede ad alcuni di conservare ricordi del passato nelle precedenti vite, anche a questo proposito ci sono molte testimonianze che non riporto, ma comunque sono ritenute attendibili da chi si occupa di questi fenomeni.

Dobbiamo inoltre considerare che queste dimensioni superiori alla terza non sono percepibili sensorialmente dall'uomo, ma solamente in modo extrasensoriale; la stessa dimensione del tempo, se ci pensiamo bene, non è visibile o tangibile col tatto o con l'olfatto, eppure siamo certi che esista perché siamo convinti di vederne le conseguenze.

Quindi questo treno è perennemente in corsa, non si sa da dove sia partito e non ne conosciamo la destinazione, ma la nostra componente spirituale ogni tanto scende e poi lo riprende come un passeggero che si fermi ad una stazione ed aspetti la coincidenza di un treno che passi dopo.

Proviamo ad immaginare tutte le possibili posizioni che questo treno e tutti i treni paralleli possano occupare in una quinta dimensione di profondità; assomiglierebbe ad una tavola, un piano tridimensionale di cui non conosciamo i limiti.

Ogni carrozza dei treni paralleli, in un istante definito, è sempre la stessa carrozza che si manifesta contemporaneamente in maniera trasversale; ma non è detto che gli avvenimenti che si svolgono in queste carrozze siano i medesimi.

Qui torniamo alle considerazioni fatte nella esposizione della teoria delle porte: ogni volta scegliamo in quale carrozza di quale treno vogliamo proseguire il viaggio, come se ci fossero dei passaggi laterali da una carrozza all'altra che noi potremo varcare aprendo le famose porte, avendo però la percezione che il treno sia sempre lo stesso.

Immaginiamo ora che questa tavola formata da elementi tridimensionali che si muovono nel tempo in una direzione simile alla lunghezza (quarta dimensione) ed inoltre contemporaneamente in una direzione simile alla larghezza (quinta dimensione), possa muoversi anche in una direzione in su od in giù, cioè qualcosa che assomigli di nuovo ad una profondità, avremo ricostruito un solido formato però questa volta da sei dimensioni, dove al posto del punto abbiamo un solido tridimensionale. Questa visione esadimensionale assomiglia sicuramente in modo "frattale" al nostro mondo tridimensionale.

Questo porta a due importanti considerazioni, seguendo l'ipotesi dei frattali: il punto, o la particella elementare, può contenere e nel frattempo essere costituita da altre dimensioni, così come anche la manifestazione di una realtà a sei dimensioni può fare parte di un contesto di innumerevoli altre dimensioni!

Una affermazione che potremmo derivare è che la realtà è costituita da innumerevoli ed infinite dimensioni ognuna racchiusa in altre, senza soluzione di continuità.

7 . La sesta dimensione, energia ed entropia.

Abbiamo visto, rappresentando con un cubo l'universo del tridimensionale, che questo può essere immaginato anche come se si estendesse lungo un altro asse, la dimensione temporale.

Anche questo nuovo parallelepipedo spazio-temporale può espandersi lateralmente lungo un'altra dimensione sincronica. In particolare ogni nostro cubetto di spazio tridimensionale "vivrebbe" contemporaneamente diverse, anzi infinite, altre storie parallele; cioè ci potrebbero essere infinite probabilità di vivere dentro uno qualsiasi di questi universi tridimensionali adiacenti. Adesso potremmo anche azzardare che tutto questo insieme sincronico di universi si espanda, non solo verso una dimensione temporale, ma anche in un'altra direzione, visivamente perpendicolare al piano formato da questi, cioè in una sesta dimensione.

In questo modo abbiamo ricreato un insieme tridimensionale, simile a quello iniziale, dove ogni punto consiste in un universo tridimensionale, così come siamo abituati a concepirlo, introducendo una quarta dimensione, il tempo, una quinta dimensione, spazio sincronico, ed ora una sesta dimensione.

Ma quale sarà questa dimensione, a cosa corrisponderà? Una ipotesi potrebbe essere che questo asse corrisponda all'energia e sia in qualche modo legata anche all'entropia.

Avremmo così una rappresentazione dell'universo con tre assi geometrici: spazio, tempo, energia.

A cosa corrisponderebbe questo asse energetico che stiamo considerando? Di che energia stiamo parlando?

La parola energia è composta da *en*, particella intensiva, ed *ergon*, capacità di agire. Quindi l'elemento indispensabile per cui le particelle che compongono tutto l'universo possano agire è l'energia!

Non ci sarebbe alcuna manifestazione, movimento o interazione spaziale o temporale se non ci fosse anche un asse dell'energia: tutti i nostri piani spazio-temporali, che abbiamo ipotizzato comporre la quinta dimensione, hanno bisogno di una dimensione energetica per manifestarsi.

Il movimento delle particelle che compongono tutta la materia è possibile tramite l'energia. Non potremmo mai immaginare un universo fermo, nel senso che nessuna delle particelle che lo compongono non si possa muovere, il movimento è la manifestazione dell'energia.

Analogamente è tramite l'energia che abbiamo la manifestazione dell'ologramma dell'universo, come se fosse un piano spazio-temporale che viene estruso lungo l'asse dell'energia, il che consentirebbe la sua espansione in maniera tridimensionale e quindi la sua realizzazione.

Fig. 5 : Sesta dimensione   Energia e manifestazione spazio temporale

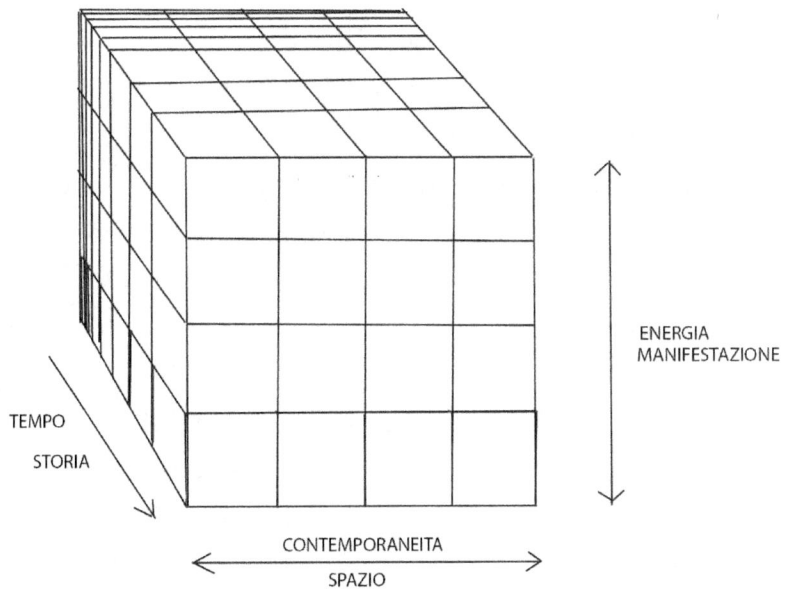

L'energia potenziale, che è posseduta da un qualsiasi
elemento dotato di massa, si trasforma in energia cinetica,
questa origina una produzione di calore ovvero uno scambio
termico dovuto al movimento delle particelle.
La condizione a cui tende l'universo sembra però essere quella
della staticità, del raffreddamento graduale fino al
raggiungimento della temperatura corrispondente allo zero

69

assoluto con la conseguente assenza di movimento delle particelle, tutto questo perché entra in azione l'entropia, come vedremo dopo.

Come per tutti i livelli dimensionali che abbiamo considerato finora, anche questa sesta dimensione può essere intesa come l'integrale lungo la direzione energetica di tutti i possibili universi spazio-temporali.
Un integrale non è una distribuzione omogenea e senza soluzione di continuità ma avviene affiancando tutti i possibili valori che una grandezza può assumere come lo schermo bidimensionale delle televisioni è formato dall'insieme di tante righe di pixel.
Tutto questo succede perché vi è un limite di grandezza al di sotto del quale, teoricamente, non si può scendere senza che venga meno il concetto di dimensione, ovvero la costante di Planck.
Il salto energetico minimo messo in rilievo dalla teoria dei quanti si accorda con la costante di Plank, che è una costante universale, direi anche multiversale, vale cioè per l'infinitamente piccolo come per l'infinitamente grande.
Tutti gli insiemi di universi spazio-temporali si affiancano lungo l'asse dell'energia secondo il criterio dei salti quantici.
Analogamente ciò avviene anche per la distanza dei punti affiancati a formare una retta, come abbiamo considerato in precedenza, questa distanza è determinata dalla costante di Planck che regola anche la distanza fra le rette che formano

un piano, come la distanza fra i piani che formano un solido, dei solidi che formano lo spazio-tempo e per ultimo la loro integrazione nel piano energetico.

Al di sotto della grandezza minima della costante di Planck viene meno il concetto di dimensione, possiamo dire allora che il confine tra il nulla ed il punto è proprio tale valore!

La costante di Plank, definita graficamente in modo semplice, è l'area minima di un rettangolo particolare che in fisica prende il nome di "azione".

Una "azione" sarebbe l'area della traiettoria chiusa del moto periodico di un corpo libero (non sottoposto a forze) nello spazio delle fasi di tale moto periodico; ovvero il moto oscillatorio di una ipotetica "massa" unitaria, in un ambito unidimensionale, indentificata dalla sua posizione e dalla velocità che assume durante il moto.

Immaginiamo un moto periodico in cui un corpo dotato di massa inizia a muoversi con una velocità costante, poi arrivato alla massima ampiezza dell'oscillazione inverte il verso della velocità per tornare indietro fino al corrispondente della massima ampiezza in senso opposto, dove inverte di nuovo la velocità per tornare al massimo dell'oscillazione in senso opposto e così via, in modo periodico.

Nella figura seguente vediamo che un corpo di massa M si muove con velocità V costante lungo la parte superiore del rettangolo; quando giunge alla fine della distanza consentita dal moto oscillatorio inverte la sua velocità che assume il valore -V , che non è una velocità negativa, ma solamente contraria come verso alla precedente, quindi la si indica col segno meno per convenzione.

Questa velocità si pone graficamente sul lato inferiore del rettangolo disegnando contemporaneamente l'altezza del rettangolo stesso che è pari in valore assoluto a 2 volte V.

Quando giunge alla fine della distanza consentita nel lato inferiore inverte di nuovo il verso della velocità e riprende il ciclo.

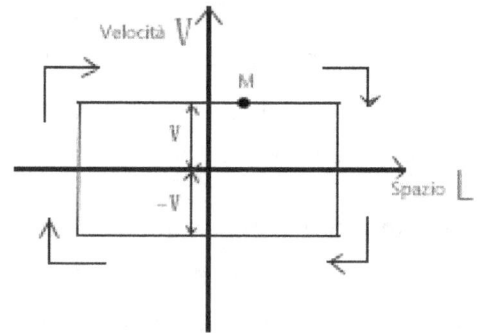

RAPPRESENTAZIONE DEL MOTO OSCILLATORIO
DELLA PARTICELLA M
L' AREA DEL RETTANGOLO CORRISPONDE ALL' AZIONE

L'azione minima possibile corrisponde alla costante di Planck.

Nella meccanica classica non ci sarebbero problemi perché gli effetti della costante di Planck, che è un qualcosa la cui misura è dell'ordine di 10 alla meno 34, sono trascurabili e qualsiasi variazione avviene in modo continuo, mentre nella meccanica quantistica, dove le grandezze in gioco si avvicinano alla soglia di 10 alla meno 34, le variazioni avvengono a scatti per multipli della costante di Planck, i cosiddetti "salti quantici", ovvero dove ogni variazione avviene solamente tramite un incremento nella misura della costante di Planck stessa.

Ma se pensiamo al rettangolo grafico che rappresenta l'azione di una particella al livello della costante di Planck, dovendo considerare che non è possibile avere un valore inferiore di tale area, possiamo dedurre che vi è una indeterminazione di principio tra posizione e velocità che sono base ed altezza del rettangolo, perché noi consideriamo il loro prodotto come minimo valore plausibile, ma non siamo in grado di definirne con certezza i relativi termini perché variano mutuamente per mantenere costante il prodotto. A questo livello qualsiasi variazione dell'una determina una variazione dell'altra e questo spiegherebbe il principio di indeterminazione nel senso che non siamo sicuri della misura della velocità e nemmeno di quella della posizione, ma solo del loro prodotto, quindi quello che stiamo considerando non è né onda né particella, ma qualcosa di diverso da entrambe.

Anche il nostro punto teorico, che prima avevamo ipotizzato paragonabile ad una particella, viene considerato privo di dimensioni perché non è possibile stabilirne la posizione e nemmeno una quantità di moto essendo collocato in parametri di misura quantici, nell'ordine di grandezza della costante di Planck.

Tornando all'energia, questa è anche la capacità di un sistema fisico (corpo materiale o particella) di svolgere un lavoro, ma questa capacità diminuisce nello svolgimento di questo lavoro, o meglio si trasferisce da un elemento del sistema ad un altro. Un corpo può aumentare o diminuire la sua energia in seguito ad una interazione con altri corpi: la variazione di energia riflette anche i cambiamenti avvenuti nelle sue proprietà microscopiche.

Esistono numerose possibili interazioni, come ad esempio urti fra corpi rigidi o le reazioni fra gas a temperature differenti. Dal punto di vista del tipo di interazione esistono in natura diversi tipi di forze, come quella gravitazionale, quella nucleare o quella elettrica. Tuttavia, tutti questi possibili processi lasciano invariata la quantità totale di energia, che quindi diviene la grandezza fisica costante per sistemi chiusi o isolati.

Il principio di conservazione dell'energia dice che la variazione di energia in una regione di spazio è uguale al flusso netto di energia che fluisce verso lo spazio esterno, ma non esiste nessun processo in grado di incrementare o diminuire globalmente l'energia, questa può solo cambiare forma trasformandosi.

Possiamo immaginare la dimensione del tempo come una retta e considerarla nel suo insieme, avendo cioè la percezione del tutto contemporaneamente, oppure seguirne punto per punto lo svolgimento, dando così la giustificazione del susseguirsi di eventi e del trascorrere del tempo come lo intendiamo normalmente. Analogamente possiamo considerare la dimensione energetica come un tutt'uno, un ammasso di energia che riempie tutto l'universo od i multiversi immaginabili, oppure pensare che essa si muova da una condizione di massima energia ad una di minima energia, cioè che non sia distribuita uniformemente ma abbia un punto in cui la concentrazione sia massima, tendente all'infinito (momento iniziale del tutto, il Big Bang) e si distenda fino ad arrivare ad una condizione tendente ad energia zero (la massima espansione dell'universo), questo se invertiamo il punto di osservazione della figura che avevamo costruito in precedenza e consideriamo il movimento di universi spazio-energetici lungo la dimensione del tempo.

Il principio di conservazione dell'energia è il primo principio della termodinamica; nel secondo principio della termodinamica si afferma invece che quasi tutti gli eventi termodinamici, come ad esempio il passaggio di calore da un corpo caldo ad un corpo freddo, sono irreversibili.

Uno dei modi con cui si esprime il secondo principio della termodinamica si basa sull'introduzione di una funzione di stato: l'entropia.

Si afferma, cioè che l'entropia di un sistema isolato che sia lontano dall'equilibrio termico tenda ad aumentare nel tempo finché tale equilibrio non venga raggiunto.

La teoria del Big Bang ha un punto oscuro, ovvero il fatto che la temperatura misurata in varie parti dell'attuale universo conosciuto è uniforme e questo pone dei dubbi perché risulta che esso sia ancora troppo "giovane" per non avere differenze di temperatura al suo interno.

Difatti si ipotizza che il nostro universo sia nato da una esplosione avvenuta con temperature altissime seguita da una espansione in ogni direzione: quando qualcosa di caldo viene a contatto con parti più fredde cede gradualmente la sua temperatura, come avviene se versiamo dell'acqua calda in un recipiente di acqua fredda, quindi si dovrebbero avere delle zone più calde e delle zone meno calde finché, dopo un tempo rilevante, si raggiunga l'equilibrio termico.

Si è calcolato che il tempo trascorso dall'evento del Big Bang ad oggi non sia ancora sufficiente per avere tale condizione di equilibrio di temperatura.

La spiegazione che danno gli scienziati è che questa massa di materia iniziale era formata da elementi talmente compatti da mantenersi ad una temperatura omogenea e che poi sia avvenuta una espansione molto veloce, addirittura con velocità superiori a quelle della luce, da mantenere questa condizione di temperatura uniforme, la cosiddetta teoria dell' " inflazione cosmica ".

Prima che questo avvenisse i limiti delle leggi della fisica attualmente conosciute non valevano e le quattro forze che le regolano, ovvero la gravità, l'elettromagnetismo, la forza nucleare forte e la forza nucleare debole, erano una cosa sola: erano parte di una "superforza" che si è scissa proprio in concomitanza con questo periodo di inflazione.

Considerando questo avvenimento dal punto di vista della dimensione energetica, sapendo che, per il primo principio della termodinamica, l'energia dovrebbe conservarsi anche se cambia forma e che l'energia è in pratica la capacità di compiere un lavoro, possiamo ipotizzare che questa superforza ha subito prodotto un forte innalzamento di temperatura, manifestando una certa energia cinetica derivante dalla trasformazione di energia potenziale in movimento di particelle e quindi, in definitiva, di un lavoro. Immediatamente dopo, però, per il secondo principio della termodinamica, questo lavoro ha ceduto calore a quell'ipotetico vuoto dove l'universo si sta espandendo, innescando il principio dell'entropia che andrà sempre aumentando.

L'entropia in parole povere è l'aumento del disordine di un sistema e questo lo possiamo verificare ad ogni istante: quando versiamo del caffè nel latte otteniamo un cappuccino perché l'ordine iniziale che vedeva separate le molecole di caffè dalle molecole di latte viene a mancare trasformandosi in disordine, cioè nella miscela delle due sostanze.

In particolare l'aumento dell'entropia è la cosa più naturale in un sistema in cui non si interviene in alcun modo, mentre non si assiste mai ad una diminuzione spontanea dell'entropia.

Un corpo caldo si raffredda in modo naturale se viene posto in un ambiente a temperatura inferiore perché cede la propria energia termica al corpo più freddo fino a che le due temperature raggiungono lo stesso valore, ma non avviene mai il contrario.

Ammettendo che l'intero universo (o tutti i possibili universi) sia un sistema isolato, ovvero un sistema per il quale è impossibile scambiare materia ed energia con l'esterno, il primo e il secondo principio della termodinamica possono essere enunciati dicendo che l'energia totale dell'universo è costante e l'entropia totale è in continuo aumento, fino a raggiungere un equilibrio; affermazione valida per qualsiasi sistema isolato. Questo significa che non solo non si può né creare né distruggere l'energia, ma nemmeno la si può completamente trasformare da una forma ad un'altra senza che una parte venga dissipata sotto forma di calore.

Questa parte di energia dissipata non sarà però più utilizzabile per produrre lavoro.

Lo stato in cui l'entropia raggiunge il massimo valore e non vi è più energia libera disponibile per compiere lavoro è detto stato di equilibrio. Questo significa che la progressiva conversione di lavoro in calore (per il principio di aumento dell'entropia totale) porterà infine a uno stato in cui l'intero universo si troverà in condizioni di temperatura uniforme; la cosiddetta **morte termica dell'Universo**.

L'entropia caratterizza il verso di qualunque trasformazione reale come trasformazione irreversibile: infatti anche tornando da uno stato finale a uno identico allo stato iniziale per temperatura, volume, pressione o altri parametri, come continuamente avviene nei cicli di una macchina termica, almeno una variabile fisica differirebbe dal punto da cui si è partiti: l'entropia (che inevitabilmente è aumentata).

Il concetto che l'entropia racchiuda in sé fenomeni irreversibili pone come condizione che non si possa tornare indietro nel tempo, dando quindi una direzione univoca allo scorrere del tempo stesso, almeno per convenzione.
Se il tempo assumesse valori negativi, anche il conseguente spazio-tempo sarebbe negativo e l'entropia invece di aumentare diminuirebbe riportando tutto ad un ordine primordiale privo di dualità e quindi inespresso; ma siccome noi stiamo considerando l'espressione dell'energia che muove l'universo, continueremo a considerare univoco lo scorrere del tempo.

La visione di tutta l'evoluzione (probabile) dell'universo parte da uno stato in cui l'energia ha tutta la potenzialità di trasformarsi in lavoro, cioè formare aggregati che diano origine ad atomi, materia, pianeti e galassie, per poi arrivare ad uno stato di quiete dove l'entropia ha raggiunto il massimo valore e quindi non vi è più energia disponibile per trasformarsi in lavoro, sebbene l'energia sia presente sempre globalmente in questo percorso, come dicevo prima, questo costituisce gli estremi della rappresentazione sull'asse del tempo della dimensione energetica.

Stiamo dissipando, anzi trasformando, tutta l'energia in calore, necessario per la sopravvivenza di qualsiasi elemento dell'universo?
Il calore deriva dall'energia cinetica delle masse in movimento, quando non avremo più energia da dissipare in calore non ci saranno più masse in movimento, nessuna vibrazione, tutto rimarrà statico, immobile, freddo ... che brutta fine !!!
Io penso che questa energia rimanga sempre, ma cambia di intensità a seconda di come la si osserva, la si valuta, all'interno dello spazio-tempo.
Immaginiamo, per un attimo solo, che il tempo sia fermo.
Il nostro universo non può più espandersi perché non c'è nessun prima e nessun dopo e quindi non c'è nessun riferimento col quale valutare le sue dimensioni, abbiamo però la possibilità di misurare l'energia in esso contenuta a prescindere dal vincolo di inquadramento in uno spazio tridimensionale.

Quello che può trarci in inganno è la densità con la quale si manifesta questa energia, che se immaginiamo un universo adimensionale e atemporale avrà un certo valore, il quale deve adattarsi poi alle dimensioni che acquisisce l'universo nel tempo. Se le dimensioni del contenitore universo sono ridotte la densità dell'energia che contiene sarà molto grande, ma se queste dimensioni aumentano in maniera molto rilevante, la stessa quantità di energia si manifesterà con una densità molto inferiore.

Nel primo caso la capacità di compiere lavoro in un ambito ristretto sembrerà molto grande e ci sarà un enorme produzione di calore che avrà una enorme velocità di dispersione, nel secondo caso la capacità di compiere lavoro in relazione allo spazio dimensionale sarà inferiore, essendo già stato, in parte, trasformato in calore.

Se poi le dimensioni del contenitore universo saranno molto grandi, matematicamente tendenti all'infinito, l'energia non avrà più molta capacità di compiere lavoro avendo ceduto già quasi tutto in calore.

La sesta dimensione, in ambito esoterico, viene associata alla dimensione "causale" , cioè il tramite affinché tutto avvenga, la causa prima di tutti gli effetti e questo si lega ancora una volta all'energia capace di causare ogni movimento o transazione. Oltre la sesta dimensione vi è l'assoluto, la settima dimensione o il "settimo cielo" ed ovviamente non andremo oltre con le nostre congetture sulle dimensioni.

8 . Domande fondamentali

Le domande basilari che a questo punto potremmo porci
sono, ad esempio, quale sia il ruolo dell'esistenza umana in
questo scenario, cioè perché esistiamo?
Perché nasciamo per morire inevitabilmente?
Il percorso certo di una vita umana è quello che intercorre tra
la nascita e malgrado tutto quello che si fa per evitarla, il
sopraggiungere inesorabile della morte.
Esistono altri esseri simili a noi da qualche parte dell'universo?
Sono anche loro soggetti a questa "legge", a questo percorso,
od esistono esseri immortali?

Tutte queste dimensioni, questi universi di universi, vanno
intesi tutti come compenetrati, simultanei; avvengono tutti
simultaneamente e sono ognuno parte dell'altro.
Inoltre in ognuno degli universi possiamo avere traccia, perché
presenti, di tutte e sei le dimensioni ... come detto prima
siamo ancora in presenza del concetto di frattale: ogni piccolo
frammento di un universo a sei dimensioni contiene tutte le
informazioni dello stesso: spazio, tempo, energia!

Questi quesiti sono quelli a cui le religioni, le filosofie e la
scienza in generale da anni stanno cercando di rispondere.
La soluzione più attendibile è anche la più difficile da
comprendere e spiegare.

Bisogna cercare di non tenerci legati ai vincoli di quella che chiamiamo ragione: esiste qualcosa di immenso ed incommensurabile che va al di fuori di ogni nostra percezione. Parlando di esistenza qui si vuole indicare la manifestazione dell'Essere incondizionato, collocato idealmente in una settima dimensione dell'Assoluto, che contiene in sé stesso ogni perfezione.

Questo essere incommensurabile ha bisogno di potersi manifestare per prendere coscienza di sé stesso, o meglio per acquisire consapevolezza della propria coscienza, e fare "esperienza" nel mondo pesante della materia ... ma in che modo?

La prima cosa è il dividersi per potersi confrontare, riconoscersi e in questo modo comprendere la dualità.

Se tutto l'universo fosse un tutt'uno perfettamente omogeneo, senza differenziazioni nella materia di cui è costituito, non si potrebbe riconoscere o distinguere e nemmeno rappresentare.

Per dividere bisogna separare, scindere in due opposti quello che costituisce un tutt'uno omogeneo.

Questa divisione è il cardine su cui si basa la vita di tutto l'universo.

Per fare un paragone sarebbe come se un bambino si trovasse tra le mani un giocattolo che non ha mai visto, per semplificare immaginiamo sia un ovetto che secondo una sequenza si illumina di diversi colori ed emette suoni diversi;

il bambino lo osserva ma non capisce come fa ad illuminarsi ed a suonare, allora fa l'unica cosa che un bambino farebbe: lo apre in due per vedere cosa c'è dentro.

Nella sua osservazione si rende conto che c'è un circuito elettronico, delle lampadine colorate, un altoparlante ed una batteria, supponiamo che riesca anche a capire come funziona.

Adesso ha fatto l' "esperienza" della comprensione, toccando con mano quello di cui aveva bisogno per capire come era fatto, allora cerca di ricostruire il giocattolo, questo gli costerà fatica, farà degli sforzi, diversi tentativi ma poi solo quando lo avrà riunito capirà di avere lo stesso giocattolo ma sapendo da cosa è formato e come funziona, sarà cioè consapevole di quello che ha tra le mani.

Ma in realtà non funziona proprio così: di solito un bambino quando smonta un giocattolo non ci pensa proprio a rimontarlo, si compiace di quello che gli è rimasto e poi magari lo abbandona per dedicarsi ad altro. Quello che succede al bambino, che simboleggia l'anima incontaminata, è che viene distratto e deviato da quelli che sono degli attributi psichici, in sostanza l'ego; pensa a sè stesso e non a compiere l'opera che aveva iniziato: analogamente l'anima incontaminata che inizia il cammino di consapevolezza in un corpo materiale, viene deviata e soggiogata dagli ego, che fanno di tutto per impedire il raggiungimento della consapevolezza.

La dualità stessa produce l'ego, questo si pone in difesa della separazione, rimarcando i caratteri distintivi dei due componenti della scissione: nella dualità fra il buono ed il cattivo, ad esempio, il nostro giudizio viene spinto ad immedesimarci con una delle due fazioni ed a ripudiare quella contrapposta. Il buono è "giusto" perché è l'unico modello di vita che ci fa star bene; il cattivo non va bene perché porta il dolore e la distruzione.

Queste affermazioni non sono altro che manifestazioni egoiche volte a farci immedesimare in una parte anziché l'altra della dualità.

Noi dobbiamo fare l'esperienza sia del buono che del cattivo, per comprenderle, cioè prenderle insieme, riunirle, ed una volta riunite non avrà più senso distinguerle perché formeranno un insieme omogeneo che sarà la nostra realizzazione.

La forza, ovvero l'entità, che dentro di noi opera la separazione spingendo alla dualità si identifica con quello che normalmente chiamiamo "diavolo", la cui etimologia deriva dal greco "dia ballo" che significa appunto metter in mezzo, separare.

In questo modo non siamo più un tutt'uno, un "olos" ma diveniamo una molteplicità che in greco si definisce con il termine "pan" da cui noi abbiamo fatto derivare la parola "panico". Il dio Pan era quello che abbiamo visto in alcune immagini mitologiche ed era disegnato con il busto umano ed il resto del corpo animale con zampe caprine, immagine che ritroviamo in molte raffigurazioni classiche del diavolo basate su questa iconografia.

Quando un essere umano si rende conto che dentro di sè coabitano delle espressioni opposte, come il bene ed il male, si trova cioè a convivere con la scissione provocata dal "dia ballo", si trova in una situazione di panico, più o meno accentuata, e non tollera questa separazione che lo porta a vari gradi di forme di follia.

Siamo tutti un po' folli, nel senso che siamo confusi da questo stato che porta ad un diverso aspetto della coscienza.
La nostra reazione più evidente è quella di non riconoscerci in questo conflitto che abbiamo dentro di noi ma di esteriorizzarlo, cioè darne la colpa a fattori esterni, come può essere appunto la follia o il panico intese come "malattie" non volute e che vogliamo siano curate dalla medicina o dalla psichiatria.
Un tempo l'umanità si affidava agli dei per trovare rimedio a questa forma di conflitto interno causato dalla dualità che scinde e ci confonde.
Gli dei erano il tramite fra noi e l'Essenza spirituale, ora invece ci affidiamo a qualcuno che ci "guarisca" da queste malattie.
Quando abbiamo dentro di noi la possibilità di conoscere i dubbi e le ambiguità tendiamo a sfuggire, invece di riconoscerli e comprenderli.

Se ci pensiamo bene solo nel dubbio gli opposti come la cosa giusta e l'errore si congiungono, dovremmo riuscire a tollerare questo stato di "equilibrio" che genera il dubbio e non trasformare i dubbi in malattie per farci curare dall'esterno, perché niente è realmente all'esterno di noi, perché tutto si compenetra nella frattalità dell'universo olografico, dove l' "olos" significa ciò che comprende tutto come un intero, come cosa unica.

Se riuscissimo a tollerare questa battaglia interna degli opposti che il dubbio ci propina, accettando l'esistenza del male, toglieremo ad esso la forza di sopraffarci.

Ma torniamo al nostro mondo materiale dove esiste la separazione, la più importante è quella tra buio e luce: l'uno esiste perché esiste l'atro opposto.
Non potremmo parlare di luce e definirla in modo sicuro se non avessimo il concetto di buio per poterne fare il confronto.
Tutto quello che costituisce ed è contenuto nell'universo ha un suo opposto simmetrico, altrimenti non potrebbe esistere, essendo la simmetria il cardine di cui è costituito l'universo stesso.
La separazione porta al ritmo, l'oscillazione da uno stato verso il suo opposto complementare.
Il respiro è manifestazione primaria di oscillazione, il ritmo della vita, come la contrazione e l'espansione del cuore, il suo battito.
Tutto questo lo troviamo riassunto nel simbolismo orientale dal Tao: elemento simbolico formato da un cerchio, che rappresenta l'unità, che contiene due forze contrapposte ma complementari e simmetriche. Queste continuano eternamente a fluire l'una verso l'altra e, quando arrivano al

proprio massimo energetico, hanno comunque dentro di sé
una piccola parte dell'altra. Le due forze sono chiamate dalla
filosofia orientale, yin e yang.

Esse sono presenti ovunque e regolano con il loro movimento
tutte le cose. L'una esiste perché esiste l'altra e non è possibile
separarle né negarne una perché si dissolverebbe il senso
dell'altra.

Lo Yin e lo Yang sono le due forze che muovono il mondo.
Quindi, di questo universo, quello che noi percepiamo, cioè il
nostro mondo atomico, è duale e si manifesta nel ritmo delle
vibrazioni: la teoria delle stringhe ipotizza movimenti
vibrazionali di particelle elementari che poi vanno a costituire
gli atomi di materia; il principio di indeterminazione ci dice che
tutto è onda, quindi oscillazione, secondo una certa
frequenza, finché l'osservazione la fissa in particella.
L'elettromagnetismo è vibrazione, il suono, la luce sono
vibrazioni.

Continuando nel discorso torniamo al concetto di punto e di
unità, facciamo un parallelismo attingendo alla tetrade, cioè la
tetraktys della Scuola Pitagorica.

La tetrade è un triangolo formato da quattro livelli: al vertice
c'è un punto, che rappresenta il numero 1, al secondo livello ci
sono due punti che rappresentano il numero 2, al terzo tre
punti rappresentano il numero 3, così alla fine quattro punti al
quarto livello rappresentano il numero 4.

Da qualunque dei tre vertici si osservi, questo triangolo si presenta identico nella sua costruzione: ebbene, qui è rinchiusa tutta la filosofia dell'universo immaginabile!

Fig. 6   La tetrakys o tetrade

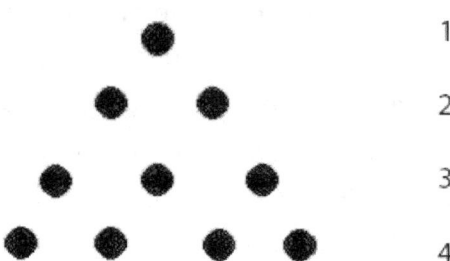

La scuola Pitagorica era un movimento filosofico antico, fondato o ispirato da Pitagora (che noi conosciamo per via dell'omonimo teorema) che studiava in maniera filosofica le correlazioni tra i numeri e la costituzione dell'universo. Pitagora asseriva che la realtà era costituita da numeri e dalle loro relazioni, trovando molti esempi in natura come la correlazione tra le armonie delle note musicali.

Al numero 1 viene associata l'unità, la monade, l'Essenza, cioè ciò che costituisce un insieme che non è prescisso e viene rappresentato come manifestazione dell'indefinito nel mondo definito tridimensionale della materia e del tempo.

Il primo punto, il vertice della tetrade, viene considerato come un passaggio nello spazio a noi noto di un qualcosa che proviene da situazioni (sarebbe errato dire luoghi) che vanno al di là delle nostre percezioni e della nostra conoscenza, ed entrando nel nostro universo si uniforma ad esso assumendo lo stato di materia; quello che si presume fosse avvenuto nell'istante del Big Bang.

Questo "indefinito" potremmo forse intenderlo come Volontà Divina che per manifestarsi a noi deve trapassare la soglia del materialismo. Per rendere l'idea, qualcosa di simile è ipotizzabile possa avvenire a ritroso nel collassamento della materia attraverso un buco nero, dove l'attrazione della massa tendente a valori infiniti assorbe e cattura tutto quello che si trovi relativamente vicino, luce compresa.

Nel momento in cui si ipotizza sia iniziato l'universo qualcosa ha superato un punto di zero, vincendo chissà quale forza opposta, permettendo, come in una esplosione, la manifestazione e l'espansione di quello che poi andrà a formare pianeti e galassie

Quindi si passa al secondo livello, al numero 2, la dualità, l'uno che si sdoppia, la divisione per riconoscersi e prendere coscienza, come detto prima.

L'interazione dei due livelli, volontà di manifestazione e realizzazione della manifestazione nella dualità, fa si che si entri nel terzo livello, il tridimensionale, dove tutto questo può manifestarsi.

La manifestazione della monade, lo sdoppiamento e la collocazione tridimensionale, probabilmente sono avvenuti in maniera simultanea, anche se sono tre processi separati e filosoficamente diversi.

Il divino che si sdoppia diventa umano nella terza dimensione, da qui parte la costruzione del concetto di trinità nelle religioni, non solo in quella cristiana.

Infine il numero 4, da sempre associato al solido, al quadrato, alla terra stessa e ad altri mondi che sono il teatro di questa manifestazione.

La somma dei quattro livelli, 1+2+3+4, è il numero 10, non a caso la base del sistema decimale, la base per tutti i nostri calcoli, e della nostra comprensione.

Quindi si potrebbe pensare che la nostra esistenza sia un percorso attraverso il quale la parte animica che è in noi, la nostra coscienza, cerchi di riconoscersi, di acquisire consapevolezza di sé stessa, attraverso un'esperienza materiale.

Questa esperienza è importante e fondamentale anche se non la prendiamo quasi mai in considerazione e tendiamo ad identificarla come pesante fardello o punizione terrena.

Solo quando avremo compreso, anche attraverso tribolazioni, difficoltà, malattie, morti e ritorni in successione, quello che siamo realmente, ovvero il nostro essere spirituale,

92

quando avremo compreso che siamo noi i creatori dell'universo, perché lo abbiamo creato per riconoscerci nella dualità, torneremo ad essere l'unità da cui siamo partiti, ma avendo acquisito la consapevolezza della "coscienza".

Pitagora concepiva la realtà come manifestazione di numeri interi.

Immaginiamo di allineare tutti i numeri possibili e che ognuno di essi occupi una posizione successiva all'altra in una ipotetica retta in modo che la relazione fra essi sia di n+1, ogni numero corrisponderebbe ad un punto della retta di cui abbiamo fatto l'esempio per rappresentare la dimensione lunghezza.

Stiamo considerando numeri interi reali ma sappiamo che tra un intero e l'altro esistono infiniti altri numeri frazionari, tanti quanti sono i numeri stessi (1/2; 1/4; 1/12; 1/256 ecc. ecc.) , cioè lo spazio unitario tra un numero e l'altro può essere diviso per la totalità dei numeri stessi.

Ma quanti sono i numeri? Infiniti: perché ad ogni numero benché grande possiamo sempre sommare un altro numero.

Il concetto di infinito fu teorizzato da un altro filosofo: Zenone, che portò ad esempio il paradosso di Achille e la tartaruga.

Essi partono da uno stesso punto, la tartaruga si muove lungo un certo percorso e giunge ad un punto successivo in un certo tempo. Achille, che è molto più veloce, parte e raggiunge il punto dove era arrivata la tartaruga, ma questa nel frattempo si sarà spostata un pochino più avanti; Achille raggiunge anche questo punto ma la tartaruga, nel frattempo, si sposta ancora più avanti e così via: Achille, in questo modo, non raggiunge mai la tartaruga e la sua rincorsa diviene infinita.

Questo ragionamento significa che per quanto si possa immaginare di andare lontano ci sarà sempre un luogo più lontano.

Questo vale anche se volessimo quantificare quanti numeri, o quanti spazi, esistono tra un numero e l'altro o tra uno spazio e l'altro, come se ogni spazio sia paragonabile ad un universo, ribadendo, anche in questo caso, il concetto di frattale.

Una retta può estendersi sino all'infinito, questo è un altro postulato di Euclide conclamato nei suoi principi matematici. Una retta è una lunghezza, quindi una dimensione, ogni dimensione può allora estendersi all'infinito.

Quale sarà, allora, il punto di inizio, l'origine, di una sequenza numerica, di una retta o di una dimensione in generale?

Il numero 1, oppure il corrispondente punto di una retta, non può essere considerato l'origine in quanto esistono "infiniti" altri numeri minori di 1.

Dobbiamo per forza definire un "infinitamente piccolo" per avere un punto di partenza.

In geometria si usa far partire ogni costruzione di rette o figure da un punto denominato "punto di zero" od origine, ma come per l'infinito, esso non si può quantificare e rimane vago come valore numerico.

Potremmo solo affermare che siccome, come detto precedentemente, al di sotto della grandezza minima della costante di Planck viene meno il concetto di dimensione, qualsiasi progressione numerica o geometrica viene incrementata in base a multipli di questa grandezza e rimane di fatto l'indeterminazione riguardo all'origine ed alla conclusione della progressione stessa.

Allo stesso modo in cui non abbiamo la determinazione della quantità di valori che intercorrono tra un numero intero e l'altro, così non abbiamo la determinazione dei valori numerici che esistono tra l'ipotetico zero ed il numero 1.
Ma non potremmo nemmeno determinare il più piccolo valore vicino allo zero che da esso dovrebbe differire nei termini della costante di Planck, come detto precedentemente riguardo alle considerazioni fatte sull' "azione", possiamo solo ipotizzare un'area non definita dove tale valore potrebbe manifestarsi.
La stessa condizione che si ha nel Big Bang nel passaggio dal nulla alla materia, in una zona di spazio-tempo indefinita, la possiamo ritrovare nel passaggio dal nulla al punto di zero in una successione numerica o nella costruzione di una retta.
Questo varrebbe anche nel passaggio da un punto all'altro della stessa retta o da un numero intero al successivo in una progressione di numeri interi.

Abbiamo trovato ancora delle analogie tra il punto e l'infinito, tra l'infinitamente piccolo e l'infinitamente grande, di cui non possiamo avere certezze ma solo probabilità.

La stessa incertezza la troviamo comunque anche in ogni intervallo di singoli valori che diamo ad una progressione numerica perché avremo sempre un numero maggiore del primo considerato e minore del secondo, come nella retta del tempo avremo sempre un istante che rappresenta il futuro ma contemporaneamente il passato del nostro presente.

Continuando nel nostro percorso, la risposta alla domanda "perché nasciamo per morire inevitabilmente" potrebbe essere che noi, per compiere il cammino di consapevolezza, abbiamo bisogno non solo di una vita, ma di diverse vite, per poter comprendere quello che siamo realmente.

Il meccanismo per cui l'Essenza, che sta facendo esperienza del mondo materiale, ritorni in un altro corpo non è molto chiaro, però si pensa che una volta compiuto un percorso di vita in un corpo, che costituisce per lei solamente un involucro, se ne esca attraverso la morte, quindi passi un certo periodo in quella che abbiamo visto potrebbe essere una quinta dimensione, della contemporaneità, dove il tempo non trascorre con i ritmi e le sequenze a cui noi siamo abituati, per poi tornare, scegliendo un altro corpo, un altro involucro, per materializzare di nuovo la sua esperienza.

Questi cicli di ritorno o se vogliamo impropriamente chiamarli reincarnazioni, possono essere diversi, non vi è un numero preciso. Quando si riesce a comprendere la dualità con cui abbiamo percorso questo cammino e si riesce a riunirla nella unità, che è senz'altro anche la forma di partenza, l'unità che si era divisa per riconoscersi ha finalmente fatto esperienza nel mondo materiale ed ha acquisito la consapevolezza della propria essenza.

Una misura di questa consapevolezza potrebbe essere l'entropia.
Più si riesce a ridurre l'ordine che ha come baluardo la separazione della dualità, per passare al naturale fluire del disordine, che porta ad una distribuzione equilibrata, che comprende ogni aspetto, privato della tensione potenziale, dello stato iniziale, più si acquisisce consapevolezza, cioè si diviene coscienti della totalità degli eventi.

La nascita del nostro universo parte dalla scissione del nulla nella dualità degli opposti, nel ritmo nella prima contrapposizione fra buio e luce, fra materia ed antimateria, come vedremo a breve.

In questo contesto la consapevolezza che si manifesta con l'entropia, si scinde a sua volta nei due aspetti che seguono l'evolversi della materia e dell'antimateria.
Se vogliamo dare un valore alla coscienza dobbiamo assegnarle il valore zero, perché si parte dal nulla, che contiene tutti gli opposti, dove già esiste la coscienza e non vi

è bisogno di null'altro, per fare il percorso di conoscenza attraverso l'esperienza della materia.

L'entropia, ovvero la consapevolezza della coscienza, che misuriamo nel nostro universo conosciuto della materia, varierà da un valore iniziale di meno infinito, fino ad un valore finale che sarà di nuovo uguale a zero, cioè aumenterà sempre; viceversa nell'atro anti-universo dell'antimateria varierà dal valore infinito, fino al valore di zero, cioè in costante diminuzione di modo che la risultante dei valori dell'entropia sia costantemente uguale a zero, vale a dire che la coscienza c'è sempre e rimane immutata, quello che varia è la nostra consapevolezza di essa.

Durante il percorso in cui l'universo acquisisce consapevolezza della coscienza, questo ordine iniziale, dato dalla scissione della dualità, diventa sempre più complesso; nel senso che l'entropia tende a disordinare tutto quello che è ordinato, cioè a mischiare tutto quello che è separato, perciò alla fine del cammino, quando avremo acquisito tutta la consapevolezza, l'entropia avrà raggiunto il livello massimo, allora tutto apparirà in disordine, ma questo disordine in realtà è l'opposto di se stesso perché dà luogo alla omogeneità e rappresenta la meta finale, cioè l'ordine dato dalla distribuzione omogenea, quella condizione oltre la quale non si può andare, perché finalmente si è raggiunta la consapevolezza e si ritorna quindi ad avere uno stato di unità nella coscienza dell'Essenza.

Non c'è più bisogno di ritmo e tutto torna in quiete tutto si raffredda: si è giunti al punto di partenza cioè alla quiete però avendo acquisito la consapevolezza del sé.

Per rispondere all'ultima parte della nostra domanda fondamentale diremo, in maniera oggettiva, che sicuramente potrebbero esistere altre forme di vita nell'universo, simili a noi o totalmente diverse; questo è talmente grande e vasto che tante possono essere le combinazioni con cui le particelle elementari si possono aggregare che una tale ipotesi non è impossibile, di conseguenza non possiamo escluderla.
La metà degli amminoacidi che compongono il nostro DNA pare sia compatibile con tutte le creature terrestri, ma anche con eventuali creature extraterrestri, un fenomeno che viene chiamato panspermia universale.

Avere dei contatti con queste forme di vita sarebbe però, per noi, complicato. In primo luogo perché le distanze che ci separano da altri pianeti renderebbero il viaggio di collegamento impossibile da effettuare nell'arco di quella che noi consideriamo la durata di una vita, a meno che la durata dell'esistenza di queste forme di vita sia di molto superiore alla nostra, oppure che essi riescano ad effettuare salti temporali nella dimensione spazio-tempo provenendo magari da universi paralleli o dal futuro in universi paralleli, come vedremo in seguito, riuscendo a superare l'equazione di Einstein, trasformando la materia in energia, la quale, libera di trasmettersi ad una velocità quasi istantanea, superiore di certo alla velocità della luce, permetta il superamento di distanze impossibili, per poi ritrasformarsi in materia: ovvero stiamo parlando di teletrasporto; altrimenti si potrebbe considerare anche l'ipotesi che essi convivano nel nostro tempo e sul nostro pianeta senza che ce ne rendiamo conto.

Negli anni passati l'icona degli extraterrestri era rappresentata dai marziani: omini verdi con le antenne e le pistole che sparavano raggi laser. A parte la rappresentazione folkloristica Marte però sembrava ostile ad ospitare una forma di vita assimilabile a quella umana ma, alla luce degli ultimi studi, sembra proprio che questo sia il pianeta con maggiori probabilità di avere, o avere avuto, le condizioni affinché questa si sviluppi.

Dobbiamo però considerare, almeno per quanto riguarda noi terrestri, che la vita al di fuori dell'orbita del nostro pianeta risulta impossibile per lunghi periodi. La causa per cui il progetto di colonizzazione dello spazio, che sembrava cosa fatta negli anni '70, dopo che l'uomo aveva fatto diversi sbarchi sulla luna, sia stato abbandonato, pare che sia dovuto proprio a questo. Si dice che alcuni astronauti, al ritorno da viaggi sul nostro satellite, apparivano come morti e, solo in seguito, abbiano riacquistato le funzioni vitali, forse a causa di uno sfasamento che ha provocato una separazione del corpo eterico (o corpo vitale) dal corpo fisico, dovuta al cambiamento di fattori magnetici avvenuti fuori dall'influenza delle onde elettromagnetiche che avvolgono la terra, la magnetosfera, proteggendola dalle radiazioni solari, imprigionando delle particelle in quelle che vengono chiamate fasce di Van Allen.

Tornando alla situazione descritta nel capitolo "Il treno della vita", sarebbe come se il nostro astronauta, di ritorno sulla terra, subisse uno scossone magnetico che sbalzerebbe, per un certo periodo, al di fuori della carrozza (o della navicella, in questo caso) del tridimensionale, la parte del suo corpo eterico che vagherebbe nella quinta dimensione prima di potersi ricongiungere con la parte materiale rimasta inanimata.

Dal 1947, anno in cui una presunta astronave aliena sarebbe caduta a Roswell, nel Nuovo Messico, si è parlato molto di extraterrestri, di avvistamenti di astronavi non identificate, di complotti con le forze armate nella famosa "Area 51", di incontri ravvicinati e di adduzioni aliene.

Si parla anche di contatti fra le forze militari tedesche e gli extraterrestri, verso la fine della seconda guerra mondiale, allo scopo di sviluppare tecnologie aeronautiche avanzate.

L'esistenza di esseri alieni dal nostro modello stereotipato di civiltà umana non è da sottovalutare. La mitologia ci parla di civiltà evolute che abitavano sulla terra e che poi sono scomparse a causa di cataclismi naturali o meno.

Vi sono testi scritti in India che descrivono minuziosamente macchine volanti, i Vimana, ed i loro conducenti; essi volavano e combattevano anche al di fuori dell'ambito terrestre.

La Bibbia stessa "racconta" di giganti che popolavano la terra, gente che viveva migliaia di anni, ci racconta poi degli Elohim che governavano i popoli e che combattevano e facevano combattere gli uomini loro assoggettati. Pare che si debba ad un loro intervento la modificazione (non la creazione) dell'uomo e del suo ambiente vitale, come vedremo in seguito.

Uno di questi Elohim, YHWH, è diventato poi famoso, tramite un libro divenuto un bestseller mondiale, col nome di "Dio"! Numerose sono le testimonianze, di cui obbiettivamente non dovremmo mettere in discussione la credibilità, che descrivono avvistamenti e relazioni con questi esseri, anche con personaggi importanti della politica e del clero.

Fenomeni come i cerchi nel grano, che dovrebbero avere la funzione di "informare", la popolazione umana, informando l'acqua che scorre nelle falde acquifere sottostanti; fenomeni di adduzioni con relativi esperimenti ed anche ibridazioni attraverso gravidanze indotte, racconti di basi sotterranee nella ipotetica "terra cava" non sono da accogliere come aspetti romanzeschi di fervida immaginazione ma dovrebbero avere la giusta analisi obbiettiva.

Dobbiamo avere la mente aperta, non credere, ma ascoltare e se possibile sperimentare, perché ci viene detto che questi "alieni" ci sono, ci osservano; ogni tanto si fanno vedere, cercano contatti con gente giusta ma rifiutano di confrontarsi con i potenti, che perderebbero tutta la loro forza se questi esseri si manifestassero e risolverebbero i nostri problemi nel campo dell'energia, della salute, della tecnologia e, non per ultimo, della pacifica convivenza.

Essi sarebbero già intervenuti diverse volte per evitare che la stupidità umana sfociasse in una guerra totale nucleare; ci sono diverse testimonianze di testate nucleari andate inspiegabilmente fuori uso, oppure di procedure già avviate di attacco atomico che miracolosamente si sono inceppate. Qualora dovesse accadere una guerra atomica sulla terra, cosa che non è per niente improbabile, dato l'alto numero di armamenti atomici pronti per essere lanciati, essi interverrebbero ma non potrebbero evitare la morte di qualche miliardo di persone.

Una persona che per molti anni ha studiato, a modo suo, in Italia, il fenomeno degli alieni e delle adduzioni tramite la tecnica dell'ipnosi regressiva è Corrado Malanga. Analizzando questi fenomeni è giunto, tramite le testimonianze raccolte dagli addotti, sottoposti ad ipnosi regressiva, ad identificare i vari tipi di "alieni" , le loro caratteristiche e le loro intenzioni nei nostri confronti. Malanga è giunto a formulare anche una ipotesi sulla creazione dell'universo.

Per capire da dove vengono e chi sono questi alieni bisogna tornare al momento in cui la coscienza decide di dividersi per fare esperienza di sè stessa nel mondo materico ovvero crearsi un universo dove agire o fare agire delle sue creature:

la coscienza si divide tra loro perché non vuole direttamente entrare nel mondo materiale.

La creazione, avviene in ognuna delle due parti separate; dal primo creatore deriva l' "uomo primo" (così lo chiama Malanga), che se vogliamo possiamo chiamare un Dio creatore nella manifestazione materiale, meglio rappresentato come il "demiurgo", che a sua volta produce degli alieni con un corpo solido; ma crea anche un "uomo secondo", ovvero la parte umana che contiene la parte animica del primo creatore.

Il secondo creatore a sua volta crea degli alieni che però, forse perché collocati in un'altra parte dell'universo, od anti-universo, come vedremo in seguito, sono incorporei ed anche loro non posseggono la parte animica, la quale permetterebbe loro di avere consapevolezza della coscienza primordiale. Anche la parte animica del secondo creatore entra nell'uomo secondo.

Non tutti i contenitori umani contengono la parte animica, o perlomeno non la contengono ancora perché pare che dovrebbero avere degli appositi ricettori nel DNA affinché questa possa entrarvi.

Gli alieni, nelle loro diverse forme di manifestazione, avrebbero un unico scopo, in fondo vogliono carpirci la nostra consapevolezza, perché si presume siano esseri che non vogliono fare l'esperienza materiale, perché porta delle sofferenze, ma tentino di rubarci quello che noi abbiamo imparato attraverso il nostro percorso di avvicinamento alla conoscenza.

I fenomeni di adduzione, secondo Malanga, servono all'alieno per indagare nel nostro essere, allo scopo di impossessarsi della parte animica che contiene tutta l'esperienza della comprensione della coscienza che loro non hanno.

Siccome questo argomento è molto vasto e controverso bisognerebbe leggere i lavori svolti da Corrado Malanga e seguire, anche in internet, le sue conferenze, per averne un quadro completo e non commettere errori di esposizione.

Quello che emerge però, al di là di identificare la natura del fenomeno degli alieni, è che tutto pare verificarsi come se l'esistenza dell'uomo sia l'unica che conti in tutto l'universo.

Tutto il resto delle galassie e dei pianeti in esse contenuti sembra non avere alcuna rilevanza per questi predatori alieni, tutto è concentrato sull'esperienza umana.

Quindi siamo veramente noi il centro dell'universo, il teatro dove si svolge tutto il dramma della comprensione della coscienza?

Se siamo noi i creatori dell'universo olografico in cui si svolgono le nostre esistenze, perché abbiamo dovuto costruirci attorno uno scenario così vasto?

Potrebbe essere che tutto l'universo sia una parte frattale di un insieme di universi, paragonando il sistema solare ad un atomo e quindi tutti gli altri agglomerati di stelle e pianeti come altrettanti atomi, le galassie paragonabili a cellule di un corpo galattico che ricalca in modo frattale un corpo umano, allo stesso modo ogni atomo è in modo frattale paragonabile ad un sistema solare e non c'è distinzione tra l'infinitamente piccolo del punto e l'infinitamente grande dell'infinito che noi immaginiamo.

Riassumendo quelle che potrebbero essere le nostre risposte potremmo dire che il percorso delle nostre esistenze non sarebbe fine a sé stesso, ma sicuramente necessario alla realizzazione di eventi molto superiori che però non siamo in grado di capire nella loro pienezza, almeno per ora.
Potremo aggiungere che l'umanità abitante del pianeta terra si considera tutt'ora al centro dell'universo perché le riesce difficile pensare di condividere la propria esistenza con creature non umane al di fuori dei propri confini, sebbene non sarebbe improbabile la loro esistenza.

9 . Evoluzione o creazione ?

Nel capitolo precedente abbiamo parlato di una ipotesi riguardo alla creazione dell'uomo ed in generale della creazione dell'universo, ma ora proviamo a tornare sul quesito di come sia nata la vita, la materia, l'uomo inteso come essere vivente, se tutto sia stato creato da un Dio creatore come affermano le religioni o sia frutto di una evoluzione sistematica come affermano gli scienziati?
Siamo i discendenti delle scimmie o di una manciata di polvere su cui ha soffiato il nostro creatore?
La scienza «ufficiale» afferma che la vita sia comparsa in maniera casuale, o perlomeno non guidata, sul nostro pianeta, in presenza di particolari circostanze che avrebbero reso possibile la formazione delle catene di amminoacidi e di enzimi; da questi poi sarebbe iniziata la scala evolutiva che ha permesso di arrivare alle attuali condizioni di popolamento del pianeta, anche se la documentazione di questi passaggi, assai carente, non ha confermato la gradualità e l'estrema lentezza dei cambiamenti biologici.
Dobbiamo inevitabilmente partire da lontano e cercare di spiegarci come sia potuto accadere casualmente od intelligentemente tutto il processo evoluzionistico che ha permesso la formazione dell'universo.
Ammesso di postulare che la teoria del Big Bang sia credibile e che si siano formati i primi elementi concentrati in uno spazio infinitesimale, il brodo primordiale, la grande domanda è

come abbiano potuto combinarsi in modo così perfetto da formare stelle, galassie e pianeti?

Almeno uno di questi pianeti, cioè la nostra Terra, ha potuto poi sviluppare delle forme di vita organiche che si sono evolute in elementi del regno animale e infine in un essere speciale quale l'uomo.

L'evoluzione non può essere avvenuta senza avere avuto una direzione precisa, delle istruzioni operative, ed uno scopo determinato. Le leggi fisiche e chimiche che hanno guidato la formazione dell'universo non possono essere innate, insite negli stessi componenti della materia; perlomeno si deve ammettere quello che viene chiamato "disegno intelligente", una Volontà superiore che ha diretto i giochi.

Le variazioni di stato casuali tenderebbero a peggiorare le prestazioni delle specie viventi, e non a migliorarle: seguendo la legge dell'entropia si andrebbe in questo modo a "disordinare" il complesso sistema di ordinamento delle cellule.

Quando le forme naturali non sono influenzate da un fattore esterno sono soggette a cambiamenti lenti e graduali, non a grandi balzi improvvisi e comunque tendono ad un appiattimento dei fattori salienti, cioè tendono ad uniformarsi omogeneamente andando in senso contrario al concetto di evoluzione.

Il comportamento del processo evoluitivo rispetto all'entropia potrebbe sembrare contraddittorio se l'evoluzione avvenisse in modo casuale: difatti l'entropia deve sempre comunque aumentare, aumentando il "disordine" delle forme di materia coinvolte; a questo punto diminuirebbero iperbolicamente le probabilità di ottenere combinazioni utili per costruire nuovi elementi e meno ancora che queste combinazioni costituiscano un miglioramento delle specie che ne sono interessate.

La sottile differenza dovrebbe essere che questo disordine sia in qualche modo pilotato; ciò porterebbe, in ultima analisi, alla considerazione di un processo creativo che favorisca l'aggregazione specifica in modo che questa sia anche e soprattutto evolutiva.

Le religioni, quella cristiana in particolare, hanno sempre tagliato corto affidando a Dio la creazione dell'universo, distinguendo la Terra da tutto il resto, dandole un ruolo principale e relegando il cielo, le stelle ed i pianeti ad elementi complementari all'esistenza del nostro mondo.

Sul nostro pianeta poi vengono distinte la terraferma e le acque, applicando forse il concetto dell'affermazione della dualità; vengono poi create la vegetazione e gli animali ed infine, per ultimo, l'uomo e solo successivamente la donna. Questi vivono beati nel paradiso terrestre (il giardino dell'Eden) finché vengono scacciati da Dio stesso perché non hanno seguito le sue regole e volevano sapere troppo; ovvero un fantomatico serpente tentatore ha fatto loro capire che potevano riprodursi da soli, senza aver bisogno di un "creatore"; che erano una coppia, ossia esseri duali e complementari, che vivevano in un mondo duale dove esistevano gli opposti come il bene ed il male.

In conseguenza di questa loro disobbedienza nei confronti di chi li voleva sottomessi alla propria volontà è stato affibbiato alla coppia, ed ai loro futuri discendenti, il fardello del famoso "peccato originale", che è servito come pretesto per la strategia della "colpa" con cui le popolazioni sono state soggiogate dai saccenti sacerdoti alla religione, con la promessa della liberazione da tale peccato.

Adamo ed Eva comunque riescono, non si sa come, procreando, a dare origine a tutte le popolazioni della terra.

Il racconto della Genesi, così come ce lo hanno sempre presentato dal punto di vista religioso, non è molto credibile.

Di contro anche la teoria Darwiniana della evoluzione delle specie in base ad una selezione naturale, come veniva fatto notare anche da colui che aveva avuto le stesse intuizioni di Darwin ed aveva collaborato ai suoi studi, Alfred Russel Wallace, si adatta a tutte le specie, tranne a quelle umana. L'uomo ha delle caratteristiche che non possono essersi evolute con la sola selezione naturale, inoltre è l'unica creatura che non è costretta a modificare il proprio corpo "in relazione alle mutate condizioni ambientali", ma al contrario modifica l'ambiente a seconda delle proprie necessità.

Si fa risalire a circa 6 milioni di anni fa la separazione di due catene evolutive che hanno portato, da una parte alle attuali specie di scimpanzé, dall'altra alla specie umana, attraverso il cosiddetto processo di "ominazione".

La linea evolutiva degli scimpanzé non è variata molto nel corso di questi 6 milioni di anni, mentre dall'altra parte avviene un primo importante passo perché i primi esseri che si differenziano da loro, denominati Australopitechi, iniziano la deambulazione bipede, ovvero non camminano a quattro zampe, non si arrampicano più agevolmente sugli alberi, ma camminano in posizione eretta e poi, in seguito anche ad un adattamento morfologico della struttura ossea, inizieranno anche a correre.

Queste nuove abitudini comportamentali porteranno anche ad una differenziazione nell'alimentazione, avendo possibilità di catturare nuove prede, oltre alla nutrizione puramente vegetale, cominciarono ad alimentarsi anche di animali.

Per molti anni ancora il volume celebrale di questi esseri rimane assai ridotto, quindi non vi sono evidenti sintomi evolutivi.

Si deve arrivare a circa 2,5 milioni di anni fa per trovare nella zona del Sud Africa degli ominidi con una struttura celebrale molto più evoluta, il cosiddetto Homo Habilis, che ormai ha assunto definitivamente la posizione eretta ed è in grado di scheggiare la pietra per costruire utensili con i quali separa la carne dalle pelli degli animali morti di cui si nutre.

Dopo l'Homo Habilis questi ominidi vengono classificati col nome di Homo Erectus e successivamente Homo Sapiens e sebbene il loro livello di encefalizzazione aumenti rimangono allo stato primitivo per molti anni ancora.

Avendo acquisito la possibilità di muoversi, avviene una migrazione continua alla ricerca di nuovo cibo e nuove risorse al di fuori del territorio dove sono concentrati gli Homo, dalla attuale Africa verso l'Asia e l'Europa, per non escludere anche una invasione del territorio della attuale America attraverso qualche passaggio venutosi a formare nella calotta polare.

L'Homo Erectus si differenzia poi in sottospecie diverse nei vari territori dove migra, come ad esempio in Europa si sviluppano i Neanderthal, ma tutte queste popolazioni si estinguono o soccombono lasciando, negli ultimi 30000 anni circa, spazio solo alla specie Homo Sapiens.

Nel frattempo si affina una particolare attitudine negli ominidi Sapiens: la capacità di operare col pensiero simbolico, il quale permette loro di fare delle astrazioni dal mondo della natura, dando forma a raffigurazioni geometriche e pittoriche.

Probabilmente cominciano ad afferrare i concetti di passato e futuro, ma tutto questo non sarebbe stato possibile se non avessero avuto un linguaggio articolato col quale esprimere tali concetti.

La capacita dell'uomo di esprimersi attraverso l'emissione di suoni in un linguaggio articolato è potuta avvenire grazie ad una modificazione anatomica che non trova riscontro come causa di una selezione naturale.

Difatti la laringe dell'ominide ha dovuto assumere una posizione più bassa rispetto agli altri primati, togliendo spazio alla faringe, con la conseguenza che non si riusciva più a respirare mentre si ingoiava cibo. Questa caratteristica è ancora oggi la causa di morte in taluni neonati ed in casi particolari anche negli adulti, quindi va contro agli obiettivi di una selezione naturale.

Il vero salto evolutivo che non trova spiegazione nella selezione naturale, oltre al pensiero simbolico ed al linguaggio, e che differenzia drasticamente la generazione umanoide da quella delle scimmie è il passaggio dell'assetto cromosomico da 48 a 46 cromosomi. Mentre le scimmie conservano ancora al giorno d'oggi i 48 cromosomi, nell'altro ramo evolutivo che ci interessa, due coppie di questi cromosomi si sono fuse tra di loro, avvenimento che in natura è più che raro, acquisendo nuovi geni che hanno dato senza dubbio dei vantaggi alla evoluzione della specie.

Questo, come detto prima, è un avvenimento contrapposto all'aumento dell'entropia e non può essere scaturito da circostanze puramente casuali.

Siamo forse di fronte ad un processo evolutivo guidato, quello che noi umani abbiamo attuato poi, forse in modo diverso, per alcuni animali, ovvero la "domesticazione".

Non si sa chi o cosa sia intervenuto ad operare questa manipolazione genetica che ha permesso di far emergere nella specie umanoide quelle caratteristiche che non sono presenti nelle precedenti forme selvatiche. Un esempio è la conservazione dei tratti morfologici nel passaggio alla fase adulta dei "cuccioli" umani rispetto ai cuccioli delle scimmie, che da piccole assomigliano molto più all'uomo, per poi, da adulte, assumere connotati molto differenti.

Non sappiamo in che epoca sia avvenuto questa modificazione della connotazione cromosomica, non potendo fare analisi su DNA troppo antichi, ma si presume sia iniziata all'epoca dell' Homo Abilis intorno a 2,5 milioni di anni fa.

Un'altra condizione necessaria per poter trasmettere questo nuovo assetto cromosomico è che non si riferisca ad un solo individuo, ma si applichi ad un gruppo numeroso e che questi individui si accoppino solo con altri individui con le medesime caratteristiche.

La mutazione genetica non è un fatto individuale da computare a qualche errore di trascrizione di cromosomi, quindi casuale, ma coinvolge più di un individuo, che da solo non sarebbe nemmeno in grado di trasmetterlo alle generazioni seguenti; potrebbe, inoltre, essere stata facilitata dall'ambiente esterno e dalle relazioni tra individui di quella specie che in qualche modo hanno agito su quelle parti del DNA che sono preposte ad "informare" e quindi conseguentemente pilotare i geni.

All'interno delle nostre cellule è contenuto un nucleo; in questo nucleo sono presenti i cromosomi, i quali sono costituiti, a loro volta, dalla catena del DNA.

I geni costituiscono delle piccole frazioni di DNA.

Esiste però un 98,5% di DNA che non contiene geni codificanti, praticamente sembrava non avere un utilizzo specifico e perciò veniva denominato DNA spazzatura.

Oggi però sappiamo che i genetisti hanno scoperto che all'interno del DNA spazzatura ci sono le istruzioni per poter gestire questi geni, per fargli svolgere delle funzioni specifiche. Tutto questo DNA non codificante non è presente negli scimpanzé e in ogni altro mammifero; negli ominidi era inesistente ed è impossibile da ottenere come causa di un processo evolutivo.

Il nostro sangue si suddivide in quattro gruppi, i più diffusi sono il gruppo A ed il gruppo 0 ; mentre i gruppi B ed AB lo sono in maniera minore. Un altro fattore caratteristico da considerare per la classificazione dei gruppi sanguigni è il cosiddetto fattore di rhesus o fattore RH.

Ognuno di questi gruppi sanguigni può avere un fattore RH positivo o negativo.

In maggior parte, circa l'85% della popolazione, il fattore RH è positivo. Sappiamo che esiste una incompatibilità, durante le gravidanze, tra la madre con fattore RH diverso da quello del futuro nascituro, che nel caso di una seconda gravidanza, a causa della formazione di anticorpi anti RH nel sangue della madre, può portare alla morte del bambino anche dopo la nascita. Chiaramente questo costituisce un fattore contrario alla conservazione della specie e quindi contro le regole associate ad una evoluzione secondo natura.

Il processo di domesticazione della specie umana ha in qualche modo modificato le funzioni dell'ipotalamo e delle ghiandole endocrine dell'ipofisi e surrenali che nel complesso regolano molte attività del corpo umano, ma in particolare ha avuto l'effetto di togliere parte dell'aggressività ed intolleranza, aumentando, al contrario, la predisposizione ad essere assoggettati ad elementi superiori, come le forze della natura, il sole, la luna, i venti, le acque ed infine agli Dei, che costituiscono la trasposizione di tali elementi naturali.

L'Homo Sapiens o forse anche prima l'Homo Abilis sarebbero stati usati, secondo quello che afferma nei suoi scritti Zecharia Sitchin, da esseri provenienti da un altro pianeta per lavorare per loro nelle miniere dell'odierno Sud Africa, al fine di estrarre l'oro necessario a salvaguardare la vita sul loro pianeta. Questa domesticazione potrebbe essere avvenuta tramite il loro intervento diretto sul patrimonio cromosomico degli ominidi per attuare i loro scopi.

Il fatto che sulla terra potessero esserci altre specie non appartenenti alla categoria degli ominidi ma assai più evolute non è da trascurare, siano essi provenuti da altri pianeti o da civiltà molto più antiche. A testimonianza di questo abbiamo i reperti dei cosiddetti "crani allungati" che indicherebbero l'esistenza, in epoche remote, di esseri con un cranio simile al nostro ma contenente una massa celebrale molto maggiore. La potenzialità di quei supercervelli ci è sconosciuta.

Questi esseri sicuramente tenevano soggiogati i Sapiens che li vedevano come dei, perché li vedevano come superiori, capaci di fare cose che a loro apparivano impossibili.

Nella stessa Bibbia non si parla di un solo Dio, perlomeno all' inizio, in quanto il termine Elohim è il plurale di El, quindi sta ad indicare più di un elemento.

Gli Elohim avrebbero soggiogato i Sapiens affinché lavorassero per loro e per renderli in grado di eseguire gli ordini da loro impartiti, potrebbero averne modificato il DNA.

Si dice poi che abbiano eseguito interventi di manipolazione genetica anche sui vegetali, favorendo lo sviluppo dell'agricoltura in un luogo delimitato in Asia nella zona compresa fra il Tigri e L'Eufrate, il Gan Eden.

Questo giustifica il perché nella nostra storia dai popoli primitivi compaia poi, all'improvviso, la civiltà dei Sumeri che era collocata territorialmente proprio lì.

All'interno del Gan Eden avevano selezionato, dopo vari tentativi mal riusciti di inseminazioni incrociate tra loro ed i Sapiens, una particolare "razza" ibrida di questi Sapiens geneticamente modificati: gli Adam.

Questi venivano gestiti dagli Elohim che provvedevano a tutte le loro necessità. Ad un certo punto essi si accorsero che all'Adam serviva una compagna, una femmina (perché probabilmente tendevano ad accoppiarsi con gli animali) allora, sempre tramite clonazione genetica, "formarono" la femmina, ovvero l'Eva, prelevando una parte dell'Adam.

Qualcuno fra gli Elohim manipolatori informò l'Adam o gli Adam e le relative femmine che potevano procreare e moltiplicarsi tra loro, senza bisogno di dipendere dagli Elohim (il serpente tentatore!). Probabilmente diede l'esempio e si unì anche sessualmente con l'Eva generando il primo figlio, ovvero Caino. Questa indipendenza acquisita causò loro l'allontanamento dal Gan Eden da parte degli altri Elohim adirati. Gli Adam allora si mischiarono con i Sapiens che popolavano la terra, dando origine alle civiltà di cui parla la nostra storia.

Questa ipotesi potrebbe essere plausibile per giustificare l'evoluzione della specie umana, ma non risolve il problema di fondo, anzi la complicanza è rappresentata dalla questione di chi ha "creato" questi esseri provenienti da altri pianeti.

La teoria evoluzionista, vista secondo i criteri della competizione e della selezione naturale, serve anche come pretesto per giustificare il modello commerciale della società moderna dove solo le migliori industrie sopravvivono e si espandono a danno di quelle meno efficienti; lo stesso si potrebbe estendere anche ai singoli individui, dove la selezione naturale è intesa come affermazione del più forte, del più furbo, del più opportunista ed a volte solo del più fortunato, rispetto a chi non lo è.

Sarà per questo che è stata fatta divenire la teoria più "ragionevole" e predominante ai nostri giorni?

Ma chi è credente non può prescindere dal dogma del Dio creatore, da cui dipende la vita di tutta l'umanità!

Alla fine non abbiamo ancora trovato una risposta esauriente al nostro quesito; ci troviamo forse di fronte ad una creazione evolutiva, quindi, secondo me, vale la pena di andare oltre e cercare dentro di noi, nella parte spirituale o animica, la vera forza creatrice del tutto, come accennato anche prima: siamo noi i creatori dell'universo, solamente non lo sappiamo o non ci ricordiamo di averlo fatto.

Abbiamo creato un universo nel quale riconoscerci, lo abbiamo fatto simmetrico, lo abbiamo fatto in maniera frattale e lo viviamo olograficamente tramite le nostre facoltà intellettive.

Alla fine, anche se non appare vero secondo i criteri di logica, siamo noi il centro dell'universo e ci siamo costruiti tutto intorno a noi.

Tutto è avvenuto secondo una evoluzione casuale che casuale non è, in effetti. Anzi non è avvenuto, sta avvenendo, perché anche il tempo lo abbiamo creato per leggere, interpretare questo ologramma, quindi tutto avviene nell'infinito presente.

Ogni cosa è infinitamente piccola e nel contempo infinitamente grande.

10 . Materia ed antimateria

Giunti a questo punto nella nostra indagine dobbiamo prendere in considerazione l'ipotesi che, oltre alla materia di cui è formato il nostro universo, esista anche un'antimateria, cioè l'opposto di tutto quello che identifichiamo come materiale, quindi reale. Questo lo si deve ad una condizione generale da cui l'universo non può discostarsi: la simmetria. Se esiste una materia dovrebbe esistere anche il suo opposto, andiamo così ad esplorare l'altro aspetto speculare di quello che i nostri sensi considerano come realtà tangibile, tenendo presente quello che era stato detto a proposito della definizione della realtà, ovvero: *"ciò che esiste, non corrisponde solamente ai fenomeni che di fatto sperimentiamo ma anche ai fenomeni possibili che potremmo sperimentare con certezza."*
Se fossimo in grado di sperimentare con certezza dei fenomeni che hanno qualche legame con l'antimateria, potremmo asserire che anche questa fa parte del reale.

Partiamo dall'evento del Big Bang, dove, nella parvenza di universo iniziale, concentrate in un punto, sarebbero dovute esistere sia una materia che un'antimateria, che dovrebbero essere state in proporzioni uguali, di conseguenza avrebbero dovuto eliminarsi a vicenda, per il principio di annichilazione, secondo il quale due forze opposte si annientano a vicenda. Questo non è successo perché evidentemente o vi è stato un leggero squilibrio in favore della materia, e questo di fatto ha consentito lo sviluppo dell'universo nel verso della materia che conosciamo, oppure è subentrato il fattore della gravità inversa, ovvero: la quantità di materia e antimateria prodotti all'origine dell'universo erano completamente bilanciate, ma si sono allontanate a causa di una repulsione gravitazionale. Difatti le interazioni fra particelle di materia e antimateria avrebbero dovuto compiersi inversamente a come siamo abituati a concepire quello che avviene attraverso la forza di gravità tra due corpi solidi, costituiti da materia, che per effetto della loro massa si attraggono; se invece parliamo di particelle e antiparticelle, di masse ed antimasse, la forza che scaturisce non è di attrazione ma di repulsione, quindi si potrebbero essere scissi a formare due universi di materia ed antimateria aventi come punto in comune l'origine del Big Bang.

Anche in questo caso è soddisfatta la condizione di dualità nonché quella di simmetria: abbiamo cioè due parti uguali ma distinte di un'unica unità al centro del Big Bang.
Nell'attimo di formazione dell'universo e dell'anti universo, questa unità coincide per assurdo con il nulla, un punto che è la somma di tutto ma che nel contempo annulla tutto in uno zero, cioè uno Zero Point assoluto.
Noi siamo coscienti della parte dell'universo in cui ci troviamo, che dobbiamo per forza immaginare positivamente, applicando ad essa i concetti positivi di materia, spazio, tempo ed energia; mentre dall'altra parte dell'universo, che non vediamo, esiste l'opposto di quello che percepiamo da questa

122

parte cioè l'antimateria, l'anti energia, l'anti tempo e l'anti spazio.

Ma siamo sicuri che questi due universi, cioè l'universo e l'anti universo (quello formato da antimateria), siano completamente distinti e non interagiscano fra di loro sovrapponendosi e sovrapponendo i loro effetti?
Vi può essere una azione simultanea dei due stati della materia a dell'antimateria?
Come abbiamo visto a proposito della dualità, esiste un'oscillazione, cioè un ritmo che coincide con il passaggio da uno stato all'altro, caratterizzato da una certa frequenza di oscillazione. Potrebbe essere che materia ed antimateria interagiscano nello stesso istante e noi siamo coscienti, cioè vediamo, percepiamo, solo il risultato di questa interazione?
Questi due universi potrebbero essere compenetrati, in modo che stando in uno non si abbia la percezione dell'altro;
ma il confine fra i due non è invalicabile, anzi "esistono" contemporaneamente, direi anche co-spazialmente e co-energeticamente, se mi passate i termini non certo eleganti.

Se alla nostra costruzione a cubo, che abbiamo usato per rappresentare l'universo a sei dimensioni, prolunghiamo graficamente gli assi, otteniamo un grafico cartesiano che suddivide lo "spazio" in cui viene rappresentato in otto parti, risultanti dalle combinazioni dei prolungamenti degli assi:

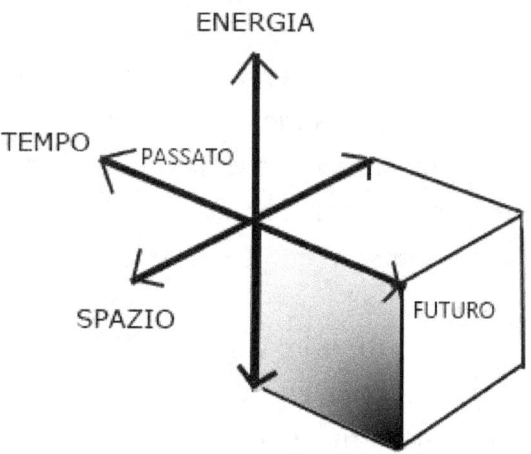

FIG. 7 : Rappresentazione globale dell' universo
con 3 assi cartesiani e 8 sezioni esadimensionali

Noi siamo collocati nel cubo disegnato, dove per noi il tempo scorre in una direzione unica dal passato al futuro, lo spazio consta di tre dimensioni geometriche: lunghezza, altezza, profondità, che noi misuriamo da uno zero ad una certa distanza; dove l'energia, cioè la capacità di compiere lavoro, è ben delineata ed indirizzata dalla variazione dell'entropia, verso la diminuzione termica conseguente alla diminuzione della componente cinetica, quindi verso la staticità ed il raffreddamento.

Nella figura 7, ponendoci di fronte alla faccia più in vista del cubo e considerando solo la porzione che esso delimita, vediamo come il tempo scorre da sinistra a destra, lo spazio si

124

estende da dietro in avanti, mentre l'energia fluisce dall'alto verso il basso.

Proviamo ad immaginare che l'asse del tempo non esista, allora non avremo più un cubo ma solamente un quadrante di spazio ed energia.
L'energia risulta diffusa nello spazio statico e lo occupa totalmente ed uniformemente; non c'è movimento, tutto è fermo ad un solo istante e non vi è manifestazione di energia, che rimane ferma al suo stato di energia potenziale.
Se invece togliamo l'asse dell'energia avremo un quadrante formato da spazio e tempo, ma dove non succede nulla, perennemente, perché non c'è la forza dell'energia per compiere qualsiasi azione; uno spazio amorfo che non si modifica in eterno.
Togliendo l'asse dello spazio avremo un quadrante composto da energia e tempo: un istante infinito dove tutta l'energia non ha modo di esprimersi e rimane compattata in un punto adimensionale, perlomeno fino al limite della grandezza di Plank, come abbiamo visto precedentemente; una energia potenzialmente infinita ma senza spazio per manifestarsi.
Quindi il modello che abbiamo visualizzato con i tre assi, energia, spazio e tempo, è funzionale e plausibile come modello di universo, anzi anche di altri universi speculari e complementari, i multiversi .

Facciamo ora una diversa ipotesi: proviamo a spostare il quadrante formato dagli assi di spazio ed energia lungo l'asse negativo del tempo, cioè li facciamo tornare indietro nel tempo. Potrebbe succedere che effettivamente noi, che siamo gli abitanti tridimensionali di questo contesto di spazio ed energia, vivessimo situazioni del nostro passato, magari potendo intervenire per modificarli?

Sarebbe impossibile, vero? Non si può tornare indietro nel tempo!

Immaginiamo di conoscere già tutte le posizioni che un punto assumerebbe rispetto all'asse del tempo, come abbiamo visto nel caso della retta, dove ogni punto che la costituisce rappresenta il presente dell'osservazione corrente.

Prendiamo l'asse del tempo nella sua direzione positiva, che va dal passato al futuro, e lo ruotiamo di 180 gradi, in modo da invertirlo e sovrapporlo apparentemente con la direzione dello stesso asse del tempo a cui siamo abituati, la distinzione tra direzione del futuro e direzione del passato si sovrappone, quindi basterebbe un piccolo salto da un asse all'altro per passare indifferentemente da un punto che identifica il presente sull'asse del futuro ad un punto che rappresenta il presente sull'asse del passato.

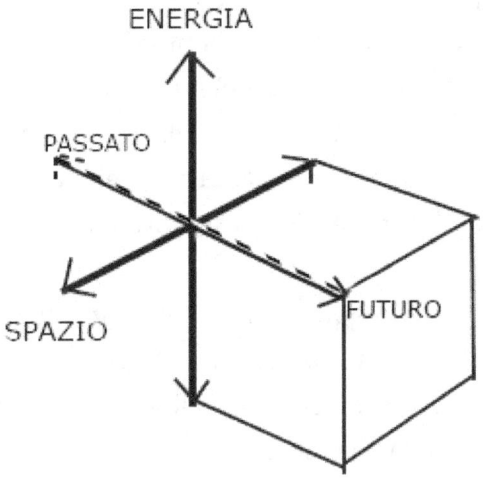

Fig. 8: inversione dell'asse del tempo da futuro
a passato - linea tratteggiata -

In questo modo sarebbe possibile avere i due assi del tempo,
uno che va nella direzione del passato e l'altro che va verso il
futuro, affiancati. Torniamo a considerare che la dualità si
esprime anche nel ritmo di contrapposizione degli opposti,
come se vi fosse un'oscillazione, nel nostro caso tra passato e
futuro, che esisterebbero contemporaneamente in maniera
simmetrica se tutto l'asse del tempo si riducesse al punto di
intersezione degli assi, cioè il punto di zero.
Questa oscillazione potrebbe essere talmente veloce che non
ce ne rendiamo conto, per noi esiste solo la condizione in cui

127

stiamo fissando il nostro punto di zero virtuale, cioè il momento presente che stiamo vivendo.

Nel momento presente, torno a ribadirlo, è come se noi avessimo accorciato gli assi del passato e del futuro alle dimensioni di un punto: tutto quello che sta alla sinistra di quel punto va indietro nel passato, quello che sta alla destra va avanti nel futuro, ed è così sempre ad ogni istante che noi viviamo!

Il presente, quindi, apparirebbe come una condizione virtuale, instabile, la sommatoria perenne tra passato e futuro, non potendo essere certi della sua collocazione su un asse o sull'altro, quindi della sua direzione.

Potrebbe esistere un mezzo, una condizione per cui noi potremmo spostare il nostro punto di zero in qualsiasi direzione lungo questo asse?

Potremmo spostare il nostro punto, che chiamiamo presente, in un punto nel passato, o nel futuro?

Secondo il principio di indeterminazione tutto è una forma d'onda e diventa particella solo se la si osserva, cioè si decide di focalizzare l'attenzione su di essa. Allora anche il tempo è un'onda che oscilla tra passato e futuro e siamo noi, con la focalizzazione dell'esperienza che vogliamo vivere, a fissare la particella del momento presente.

La stessa operazione potremmo immaginarla anche per l'asse dello spazio, ma ci viene difficile concepire uno spazio al negativo. Lo spazio negativo sarebbe sempre formato da tre dimensioni ma potrebbe "esistere" per rappresentare un'altra condizione di esistenza che sarebbe troppo difficile da concepire.

Invece sarebbe interessante considerare elementi negativi rispetto all'asse dell'energia.

Siamo abituati a rappresentare qualunque forza di cui ci occupiamo, come la risultante di altre forze aventi direzioni vettoriali diverse, introducendo il concetto di forze opposte, che hanno bisogno di energie opposte per manifestarsi.

L'energia nel quadrante che noi consideriamo come il nostro universo rimane costante come valore, per il principio di conservazione. Supporre un'energia negativa, a mio avviso, significa che la stessa energia si manifesti nella stessa quantità anche in altri opposti ambiti di universi spazio-temporali, a meno che non la si interpreti come energia puramente spirituale, in tal caso una energia positiva ci porta all'elevazione (direzione verso l'alto) mentre una energia negativa, debilitante, ci porta all'annientamento (direzione verso il basso).

Visto più in generale, senza soffermarsi sui dettagli, il nostro modello di universo esadimensionale si compenetra anche in uno o in diversi modelli uguali ma opposti, dove non vi è distinzione di appartenenza, anche se la nostra condizione di consapevolezza ci rende partecipi solo di una parte di essi.

Vi è dunque un universo formato da spazio tempo ed energia ma contemporaneamente e sovrapposto ad esso in maniera simmetrica vi è un anti-universo formato da anti-spazio, anti-tempo ed anti-energia, in modo che sommandone gli effetti contrapposti essi si elidono a vicenda, per cui la risultante è un nulla che però contiene il tutto nella completezza della dualità.

Siccome l'universo ha le caratteristiche di un frattale, ogni parte che lo compone può essere rappresentata con lo stesso modello grafico.

Anche il fotone, essendone parte, ricalca le caratteristiche dell'universo, quindi si può rappresentare come una figura geometrica formata dagli stessi tre assi, ma in questo caso gli assi di spazio e tempo sarebbero irrilevanti, perché il loro rapporto è costante, rispetto alla funzione dell'asse dell'energia.

Difatti se consideriamo che un fotone è parte integrante della luce che noi percepiamo e quindi si muove ad una velocità fissa, la velocità della luce, appunto, la quale non è altro che un rapporto costante di spazio e tempo, che noi indichiamo in 300000 km/secondo.

I fotoni che permettono alla luce di assumere vari colori hanno il rapporto tra gli assi di spazio e tempo costante, ma cambia l'asse dell'energia; quando un fotone varia la sua energia assume una massa, in questo modo si rivela sotto forma di particella, non di onda elettromagnetica.

Esistono un fotone ed un anti fotone che sono, come per la materia e l'antimateria, rappresentati dai tre assi di spazio tempo ed energia compenetrati con i relativi opposti, vale a dire spazio negativo, tempo negativo ed energia negativa. La distinzione fra elementi positivi e negativi è solo data dal fatto che essi oscillano da un valore all'altro lungo lo stesso asse con una frequenza altissima secondo i valori della costante universale di Plank. La risultante di questa oscillazione è il fotone virtuale, quello che noi percepiamo perché interagisce con la materia, con una certa energia, nel nostro quadrante di universo.

L'antifotone, viceversa, interagisce con l'antimateria, ma esiste una probabilità che esso possa interagire anche con la materia se la sua energia è molto bassa, come se sfuggisse dal mondo dell'antimateria riuscendo a vincere i blandi legami corrispondenti ad una energia che si presenta ad un valore minimo. Gli effetti di questa piccola interazione sono però molto rilevanti nel campo della materia.

L'antifotone si muove lungo la direzione negativa del tempo, cioè si muove verso il passato; questo può permettere, e non è poco, di far tornare alle condizioni di un passato relativo la materia in cui di solito interagisce il fotone.

Di questa materia fanno parte anche le cellule malate del nostro corpo che, per la conseguenza dell'interazione con gli antifotoni, potrebbero ritornare in uno stato iniziale dove la degenerazione della malattia non si è ancora manifestata: ecco allora come verrebbe spiegata la guarigione miracolosa di certi mali che avviene spontaneamente o per mezzo dell'azione di uno sciamano o di un guaritore, o per l'intervento di forze mistiche insite nella credenza religiosa, che altro non farebbero che far regredire le cellule malate ad uno stato in cui la malattia non si è ancora manifestata.

La malattia, vista nella prospettiva del principio basilare di un generale aumento dell'entropia dell'universo, si oppone a questo principio essendo una forma di "ordine" forzato di alcune cellule che si oppongono al naturale fluire "disordinato" delle altre cellule sane.
Affinché insorga la malattia le cellule devono organizzare una modificazione del naturale sviluppo delle stesse, opponendosi al principio di aumento dell'entropia.
Gli antifotoni, che appartenendo alla fazione dell'antimateria, hanno per convenzione la tendenza alla diminuzione dell'entropia del loro sistema e quindi a legarsi, a dialogare e quindi interagire con le similari cellule che tendono alla medesima diminuzione di entropia.

Ma come possiamo reperire, come si possono produrre questi antifotoni necessari per questo processo di guarigione?

Potrebbe essere sufficiente la naturale luce del sole che sicuramente contiene delle particelle con bassa energia che nella repentina oscillazione tra fotoni ed antifotoni lasci trapassare questi ultimi dal quadrante dell'antimateria a quello della materia? Potrebbero anche essere autoprodotti da complicate azioni del nostro DNA in cui l'azione della mente, del nostro pensiero ha una importanza fondamentale? Si è constatato che alcune parti del nostro corpo potrebbero emettere degli antifotoni, in particolare il palmo delle mani, e questo darebbe una spiegazione di come agisca la pranoterapia: semplicemente trasmettendo fotoni a bassa energia verso le parti che vi entrano in contatto.

In sostanza esisterebbe una possibilità di autoguarigione o di regressione spontanea della malattia, ma questo non ci può dare più la possibilità di "comprendere" il perché essa si manifesti. Le malattie sono dei segnali di qualcosa che dobbiamo sistemare nel nostro equilibrio nel cammino di comprensione della coscienza.
Guarendo da una malattia non è detto che non ne insorga un'altra, perché la nostra componente animica vuole fare, comunque, l'esperienza della morte, come detto in precedenza.
Paradossalmente guarire dalle malattie non ci aiuta a "comprenderle" nel nostro cammino di assimilazione della coscienza.

Infine, tornando alle considerazioni fatte per l'asse del tempo
e cioè alla possibiltà di potersi spostare su tale asse andando
dal presente al passato ed al futuro, verso la fine degli anni '50
era stata presentata un'invenzione misteriosa: il cronovisore.
Veramente questa "macchina" capace di mostrare suoni ed
immagini provenienti dal passato ha suscitato molti dubbi e
comunque è stata subito nascosta all'opinione pubblica ed è
rimasta avvolta nel mistero, tanto che se ne parla raramente e
sempre a metà strada tra la fantascienza e la incredulità.
Il suo inventore, si dice, fu Padre Ernetti, un monaco
benedettino che si interessava di musicologia, in particolare di
frequenze della musica, oltre che di questioni scientifiche.
Assieme ad un gruppo di 12 altre menti eminenti, tra le quali si
fa il nome anche Enrico Fermi, ha messo a punto questa
autentica macchina del tempo con la quale ha potuto vedere,
in modo mirato, episodi della vita di personaggi del passato
come Mussolini, Napoleone e lo stesso Gesù Cristo.
Il funzionamento di questa invenzione pare essere legato alla
ricerca ed alla sintonizzazione di particolari frequenze che
portano con sè delle informazioni, come fossero impronte, che
sono state "emesse" dagli avvenimenti del passato.
Naturalmente ci si chiede come tutto possa essere
trasformato in immagini da vedere comodamente su uno
schermo televisivo e da suoni da noi facilmente comprensibili.
Allo stesso modo, con lo stesso principio, si potrebbe assistere
anche ad avvenimenti del futuro?

In risposta a questo interrogativo non sono stati forniti ulteriori elementi, forse non si è presa in considerazione questa eventualità o la cosa sarebbe stata troppo "invasiva" per i comuni mortali.

Noi sappiamo però che l'universo in cui viviamo è un ologramma che noi decodifichiamo attraverso la nostra mente, sappiamo che questo ologramma è un piano di spazio-tempo che prende forma reale attraverso l'azione dell'energia, sappiamo che l'asse del tempo, a livello dei fotoni che ci permettono la visione delle cose, è una continua oscillazione fra elementi positivi e negativi, fotoni ed antifotoni, quindi sarebbe possibile, attraverso la sintonizzazione di particolari frequenze, muovere questo ologramma lungo l'asse del tempo e sintonizzarlo su avvenimenti con diversa collocazione temporale, sia passata che futura?

Il cronovisore potrebbe essere effettivamente realizzabile se questo fosse possibile, come sarebbe possibile anche, magari agendo anche sulla direttiva dello spazio, mettere a punto una macchina per il teletrasporto?

Sono tante le cose da esplorare e rivelare in questa nostra esistenza in un universo di cui non conosciamo molto e che molto avrà da insegnarci ancora.

Conclusione

Alla fine di questa mia esposizione, se avete avuto la pazienza di seguirmi, spero di avere dato un quadro esauriente degli argomenti di cui volevo trattare, sebbene questi siano molteplici ed a volte mi rendo conto di essere stato fin troppo sintetico nel tentativo di menzionarli.

Se, come me, vi sono rimasti ancora molti dubbi e molte cose non le avete capite, non vi dovete preoccupare, è normale: per capire bisogna comprendere, cioè prendere dentro di sé tutto quello che si acquisisce, perché, in definitiva, dobbiamo essere noi a scrivere il libro, non solamente leggerlo, così potremo vivere i concetti ed afferrarli nel loro senso reale.

Dobbiamo continuare a porci delle domande e cercare di trovarne le risposte, queste non saranno sufficienti perché sorgeranno nuovi dubbi, ma il nostro compito è proseguire, sempre, in questo percorso.

Ognuno deve fare a suo modo l'esperienza, perché tutta la nostra vita è un'esperienza che stiamo acquisendo per cercare di comprendere la nostra essenza e dobbiamo farlo in prima persona, non è sufficiente farselo raccontare o leggerlo sui libri.

Come possiamo credere che la realtà che ci appare concreta e solida sia contenuta e proiettata in un ologramma che noi stessi stiamo creando?

Come possiamo credere che il tempo possa scorrere all'indietro o che non esistano passato e futuro ma si viva sempre in un attimo presente?
Come possiamo immaginare un universo frattalico dove ogni cosa è uguale a sé stessa in diverse scale di grandezza?

Come possiamo credere che non vi sia differenza tra il punto e l'infinito?

Come possiamo credere che siamo una parte della Coscienza che ci ha creati per farci vivere l'esperienza della sofferenza e della morte, per poi farci ricongiungere ad essa con la Consapevolezza?

Per fare questo non dobbiamo fermarci ai dogmi che le religioni e la stessa scienza ci impongono, ma dobbiamo sempre porci delle domande, avere la curiosità innocente di un bambino ed accogliere con mente aperta quello che assimiliamo in questo percorso.

In conclusione mi auguro che ognuno di noi non si limiti solo a credere ma abbia la voglia di porsi quelle domande che scaturiscono dalla propria riflessione.

Vi sono molti quesiti che richiedono risposte, da qui all'infinito!

INDICE

www.ingramcontent.com/pod-product-compliance
Lightning Source LLC
Chambersburg PA
CBHW060522290526
45791CB00001B/488